U0129391

凝煉文化・疊映當代

——民族舞蹈創作的對話

蕭君玲 著

文 史 哲 學 集 成
文史哲出版社印行

國家圖書館出版品預行編目資料

凝煉文化‧疊映當代：民族舞蹈創作的對話
/ 蕭君玲著. -- 初版. -- 臺北市：文史哲，
民 109.07
　頁；　公分. -- （文史哲學集成；731）
ISBN 978-986-314-521-9（平裝）

1.民族舞蹈　2.學術研究

976.3　　　　　　　　　　109010512

文史哲學集成　731

凝煉文化‧疊映當代
── 民族舞蹈創作的對話

著　　　者：蕭　　　　　君　　　　　玲
出　版　者：文　史　哲　出　版　社
http://www.lapen.com.tw
e-mail：lapen@ms74.hinet.net
登記證字號：行政院新聞局版臺業字五三三七號
發　行　人：彭　　　　正　　　　雄
發　行　所：文　史　哲　出　版　社
印　刷　者：文　史　哲　出　版　社
臺北市羅斯福路一段七十二巷四號
郵政劃撥帳號：一六一八〇一七五
電話886-2-23511028‧傳真886-2-23965656

定價新臺幣四二〇元

二〇二〇年（民一〇九）七月初版

摘　要

　　民族舞蹈的創作源於傳統文化的沃土，融滲於當代藝術的思潮裡，其創作意象的內涵有著不同的層次。「意心象、意物象、意語象」三個層次所疊映而成的意象，在傳統文化沃土裡深耕，歷經時代發展的延異，不斷地質化、傳承。本文探討民族舞蹈創作的對話，關於民族舞蹈創作歷程中的演變而言，可說是一種不同層次的「意象」演化脈絡，透過三種不同的意象層次，來探討民族舞蹈創作歷程中源於傳統文化的提煉、融於當代舞蹈藝術的反映所產生的對話內涵。創作場域中的「意象」源自於身體對相關的「心、物、語」的回映，這些回映會在創作場域的時間裡堆疊化、聚焦化、形式化，由模糊隱晦至清晰明朗的過程。過程裡不斷產生的「意象」亦是一種直覺的回映，一種美的判斷的直覺回映。這些直覺回映的產生，乃由「眾位他者（人與物）在某一時空中的「對話與喧聲」湊合而聚成的。本研究以巴赫汀（Bakhtin, M. M.）「對話美學」的理論為基礎，以筆者民族舞蹈創作實踐經驗與作品評析為研究範圍，探討民族舞蹈創作場域中不同層次的「意象」及「對話與喧聲」，重新審視探究創作歷程中的多視角下之現象，探析其創作場域中不斷在對話關係中生發效應的「意心象、意物象、意語象」的

內涵，來回溯再建構筆者創作經驗中的「意象層次」與「對話與喧聲」的現象。

關鍵字：民族舞蹈創作、對話、意象

凝煉文化・疊映當代
― 民 族 舞 蹈 創 作 的 對 話

目　　次

2010 落花
編舞：蕭君玲　　攝影：歐陽珊
演出：台北民族舞團

2010 落花
編舞：蕭君玲　　攝影：歐陽珊
演出：台北民族舞團

2010 落花
編舞：蕭君玲　　攝影：歐陽珊
演出：台北民族舞團

2011 流梭
編舞：蕭君玲　　攝影：歐陽珊
演出：台北體育學院舞蹈系

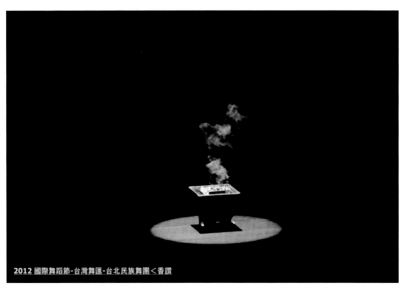

2012 香讚 II

編舞：蕭君玲　　攝影：歐陽珊

演出：台北民族舞團

2012 香讚 II

編舞：蕭君玲　　攝影：歐陽珊

演出：台北民族舞團

2009.2012 殘月・長嘯
編舞：蕭君玲　　攝影：歐陽珊
演出：台北體育學院舞蹈系

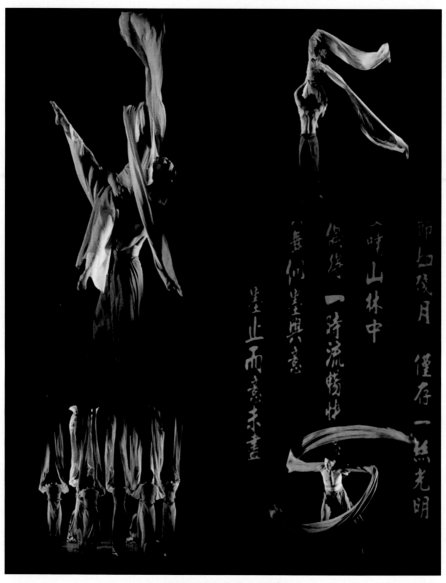

2009.2012 殘月‧長嘯
編舞：蕭君玲　　攝影：歐陽珊
演出：台北體育學院舞蹈系

2009.2012 殘月・長嘯
編舞：蕭君玲　　攝影：歐陽珊
演出：台北體育學院舞蹈系

2012/2013 浮夢
編舞：蕭君玲　　攝影：歐陽珊
演出：台北體育學院舞蹈系

2014/2015 蔓生・枯影
編舞：蕭君玲　　攝影：歐陽珊
演出：台北體育學院舞蹈系

2014/2015 蔓生・枯影
編舞：蕭君玲　　攝影：歐陽珊
演出：台北體育學院舞蹈系

2017 逍遙
編舞：蕭君玲　　攝影：歐陽珊
演出：臺北市立大學舞蹈系

2017 逍遙
編舞：蕭君玲　　攝影：歐陽珊
演出：臺北市立大學舞蹈系

2017 逍遙
編舞：蕭君玲　　攝影：歐陽珊
演出：臺北市立大學舞蹈系

2018 唯釀
編舞：蕭君玲　　攝影：歐陽珊
演出：臺北市立大學舞蹈系

2018 唯醺
編舞：蕭君玲　　攝影：歐陽珊
演出：臺北市立大學舞蹈系

2018 唯醺

編舞：蕭君玲　　攝影：歐陽珊

演出：臺北市立大學舞蹈系

2016 煙沒
編舞：蕭君玲　　攝影：歐陽珊
演出：臺北市立大學舞蹈系

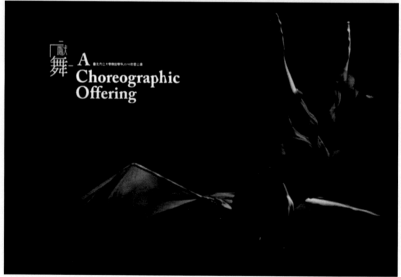

2016 煙沒

編舞：蕭君玲　　攝影：陳昱清

演出：臺北市立大學舞蹈系

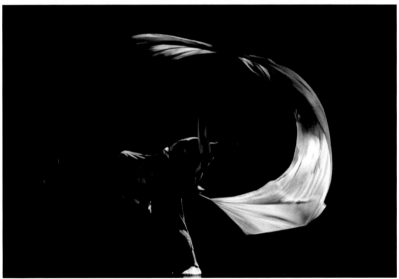

2019 煙沒 II
編舞：蕭君玲　　攝影：歐陽珊
演出：臺北市立大學舞蹈系

2019 夢蝶
編舞：蕭君玲　　攝影：何肇昇
演出：臺北市立大學舞蹈系

2019 夢蝶
編舞：蕭君玲　　攝影：何肇昇
演出：臺北市立大學舞蹈系

2019 夢蝶
編舞：蕭君玲　　攝影：何肇昇
演出：臺北市立大學舞蹈系

第一章　緒　論

第一節　研究背景與動機

　　民族舞蹈乃是以文化發展之內涵與形式為基石，包括古代的、典範的、宮廷的具有傳統文化內涵與風格的古典舞，或各地方生活節慶、民風特色、鄉土藝陣的民俗舞蹈。臺灣在當代多元環境的影響下，民族舞蹈以開放之態傳承了早期舞蹈先驅創作性的民族舞蹈、國劇武功身段、武術太極，以及大陸發展的古典舞與民族民間舞等，臺灣的民族舞蹈以文化的歷時性與共時性為橫縱軸，在開放多元的臺灣社會中豐富了民族舞蹈的內涵與形式。筆者長期浸潤在民族舞蹈表演、教學、創作的領域中，民族舞蹈的氣韻內涵與形態早已經深植身體裡，並自然而然地隨著文化變遷、藝術多元、後現代解構的思潮環境而不斷地轉化。筆者在臺灣舞蹈專業領域裡從事民族舞蹈之教育、教學、創作三十餘年，在職場裡不斷地耕耘與實踐之下，已然有了自我獨特的訓練方式。除了訓練民族舞蹈的風格型態、動律舞姿之外，對於現今舞蹈生態的議題與觀念亦不斷地涉獵並汲取其中的養分，做為「民族舞蹈創作」與當代社會、當代藝術的聯結。不論

是從議題的討論、跨域的連接、展演的形式、科技的結合與
理論的借鑑等皆有所關注，在當代世界舞蹈潮流裡，期能舞
出自我風格，同時運用在民族舞蹈創作、教學之上。

　　在舞蹈專業系所的教育工作裡，因教學與創作需求，
筆者特別著重在民族舞蹈風格性語彙與動作質地的建立，重
視在訓練過程中能感知動作的產生，重量、重心及重力的不
斷運作改變，並透過身體來覺察，而不只是注重外型姿態的
形塑。從民族舞蹈的氣韻中提煉不同的呼吸質地，感知動作
的動力、重心的引導與互相給予重量的轉換，讓民族語彙能
真實體驗動能的感受，以及如何用不同符號隱喻引導舞者注
入內在意象之境，由內在的「意動能」[1]出發來進行教學與
創作。因此為了良好掌握「意動能」之能量，筆者發展分析
歸納出三種訓練方式，「圖像式呼吸」[2]、「聽勁式觸動」[3]、
「滲入式擬像」[4]，並將此三種訓練法運用在民族舞教學與
創作之中，依多年來的經驗，這三種訓練法的綜合運用能有
效打破既有的程式性動作的框架，隨著作品的意象核心，進

---

1 「意動能」（Kinesthetic energy of intention），意指來自於「意象」
　所散發出的訊息能量，它會影響身體舞蹈動作的發動與發展。
2 筆者接受博士論文訪談時，正式提出「圖像式呼吸」訓練法。鄭仕
　一，〈再建構的創作憶痕 —— 胡民山、蕭君玲之民族舞蹈創作歷程分
　析〉（臺灣師範大學體育學系博士論文，2014），141。
3 筆者接受博士論文訪談時，正式提出「聽勁式觸動」訓練法。鄭仕
　一，〈再建構的創作憶痕 —— 胡民山、蕭君玲之民族舞蹈創作歷程分
　析〉（臺灣師範大學體育學系博士論文，2014），135。
4 筆者接受博士論文訪談時，正式提出「滲入式擬像」訓練法。鄭仕
　一，〈再建構的創作憶痕 —— 胡民山、蕭君玲之民族舞蹈創作歷程分
　析〉（臺灣師範大學體育學系博士論文，2014），147。

而創作出基於原有的程式性動作上發展出的新形式，不論是在身體動作或民族舞服裝或道具的運用技法。舞者謝孟汝在研討會發表分享這三種訓練法的心得：

> 蕭君玲的民族舞蹈身體訓練將「聽勁式觸動、圖像式呼吸、滲入式擬像」融入於課程設計中，在身體訓練上，以「聽勁式觸動」傾聽身體對於動作力量和速度的感受，以及動作過程中與空間的連結，並且融合「圖像式呼吸」的六種呼吸方式加強學生掌握動作不同的質地，在動作詮釋上，以「滲入式擬像」使情感注入動作中，由內而外的舞動，一連串的課程，以致於學生在經過蕭君玲的民族舞蹈身體訓練後，能夠更容易貼近她的舞蹈作品所要傳達之精神。[5]

　　筆者在多年創作作品的取材當中，不論是從民族舞蹈氣韻裡提煉氣的元素，或是主題以核心聚焦、放射、線性的文本探索，在創作中其民族舞道具的使用皆扮演著重要的地位，伴隨著每個作品的動作設計並重新思索與探究，賦予道具新意。筆者在 2016 年即是使用民族舞蹈常用的道具長巾創作了《煙沒》，創作起始於探討「煙」的變化狀態，巾的飛舞飄移隱喻人們的千思萬縷的思緒。民族舞蹈傳統慣性使

---

5 謝孟汝，〈民族舞蹈身體訓練初探 —— 以蕭君玲的民族舞蹈課程為例〉《全國研究生舞蹈學術研討會：中國文化大學》，（2017.05.12），頁1-11。

用道具的套路，在筆者的創作裡被解構，由煙的意象出發探討提煉再進一步發展出形式，道具的使用在觀念擴展後呈現了一種前所未有的自由度，發展出巾的新形式。綜觀民族舞蹈的學習，不論是動作或道具的使用皆有程式性的要求，這在傳承民族舞蹈上是相當必要的。另一層面，對於民族舞蹈創作的當代性發展，筆者認為有必要關注到當代藝術思潮與議題，促使民族舞蹈的當代創作在現今藝術環境裡被關注及重視。雖然文化沃土是民族舞蹈的根，如何在傳承的根基上與時俱進，讓民族舞蹈的創作能在當代發聲，不僅做到繼承保護，同時也能進行發展與創新，這是很重要的課題。筆者曾接受研究訪談並記錄於創作手札中，由度的議題，提到了程式性的繼承與學習，認為程式性的大量學習後要能與之文化符號進行探討與對話，回到人的本身，能誠實的面對自己，關照生理或心理狀態，而不只是將這美的形式複製。筆者曾於訪談時回覆：並在創作手札中記錄：

> 程式性，這是民族舞蹈的枷鎖，也是我多年來想要解放而獲得純粹的肢體表現，創作中的身體，，由心領神會的真實感受而來的身體表現，傾聽心裡的聲音，誠實的去感受那聲音引導出的力量而舞動，這即是純粹，民族舞蹈亦可回到那純粹的肢體。[6]

　　從上述看來，如何在學習民族舞蹈基礎動作後將這些具有文化符號的肢體進行探討、轉化使其產生新意？筆者認為

6 2014 蕭君玲創作手札記錄。

近年從創作場域裡不斷經由理論與實踐來回印證當中，所累積提煉的「圖像式呼吸」、「聽勁式觸動」及「滲入式擬像」的訓練當基底。這是一種先凝結意象再外化至身體動作訓練的練習，使舞者們進入另一層次的意識裡聚焦，透過創作過程中不斷對話，而形成作品，是一條可行的路徑。在此行進的路徑當中發現在創作場域裡作品的形成過程與「眾位他者」進行對話時是一場權力平衡的關係，所以筆者在創作時從巴赫汀的「對話美學」理論切入，重新審視創作歷程中的現象，來探討民族舞蹈創作的實踐過程中權力平衡的關係。「眾位他者」包括創作者與創作文本、舞者、服裝、道具、音樂、多媒設計、燈光設計、舞台設計等等。這些不同面向的「對話與喧聲」會碰撞出不同的效應，是值得探討的議題。

　　而另一重要層面的探討，就筆者民族舞蹈創作歷程中的演變而言，可說是一種「意象」演化的脈絡，創作之初源，處於一種極為隱晦不明的狀態，「似無感而有感、似無意卻有意」，此時創作者需頻繁地於自我內在的隱晦意象進行對話，試圖探清其脈絡與方向，此為「意心象」層次；創作之開展，則會對應到眾多的生活處境中的種種「物」象，尋覓與其「意心象」相映的畫面，此時創作者需深切地與「物」對話，試圖將「意心象」的脈絡與方向映射於「物」之質性上，此為「意物象」層次；作品實踐過程之後期階段，創作者需與作品對話，試圖詮釋出作品的核心意義，將「意心象」的脈絡與方向及「意物象」質性的映射，凝煉出作品的

核心意義,運用隱喻符號言語化地詮釋出作品核心意義的情
與境,此為「意語象」層次。

　　創作場域中的「意象」源自於身體對相關的「心、
物、語」的回映[7],這些回映會在創作場域的時間裡堆疊
化、聚焦化、形式化,由模糊隱晦至清晰明朗的過程。過程
裡不斷產生的「意象」亦是一種直覺的回映,或許是一種美
的判斷的直覺回映,亦或是一種對創作主題的直覺回映。這
些直覺回映的產生,乃由「眾位他者」[8](人與物)在某一時
空中的「對話與喧聲」湊合而聚成的。

　　本研究以巴赫汀「對話美學」的理論為基礎,以巴赫
汀《對話的喧聲:巴赫汀文化理論評述(Bakhtin's
Dialogism and Cultural Theory)》為主,研究題材則以筆
者民族舞蹈創作實踐經驗與作品評析為主。由理論切入,重
新審視探究創作歷程中的對話與喧聲的現象,進一步來論述
民族舞蹈創作的實踐過程中逐漸積澱的「對話」與眾多「喧
聲」的權力平衡的關係。並透過對話來完成,「如果不弄清
楚這些觀念產生的條件,我們就不可能明白它們的意涵」。[9]

---

7 文中經常使用「映」字,以表示一種在生理的、心理的、潛意識的一
　種共震現象。以「映」象徵著這樣的共震現象,具有圖像化的效果,
　能創造相關的意象。

8 「眾位他者」意指在創作歷程中所有涉及到的、外在於創作者自身的
　「人」與「物」,「人」的部分,包括舞者、燈光設計師、服裝設計
　師、舞臺設計師、影像設計師;「物」的部分,包含音樂、道具、服
　裝、燈光、舞臺、影像等等,以上這些都是創作者在創作歷程中必須
　與之互映、互滲、互感而舞之的「他者」,筆者將之統稱為「眾位他
　者」。

9 劉文潭,《藝術品味》。臺北,臺灣商務出版,2009.03,305。

　　這些存在於創作場域中的「對話」與眾多「喧聲」是
一種感性的存在，其創作者的主體性即在此「對話」與眾多
「喧聲」之中被確立，作品也在此之中被逐步建構起來，這
一感性的存在是高敏感度、高變化性的交流、對話、喧聲的
狀態。在筆者的創作場域裡，作品成為一個主體，是由眾多
他者所共感而成，作品的主體性是共性存在的；創作者、舞
者亦同，相較於作品而言，創作者單一的存在，或舞者單一
的存在，都是不完整的，其主體性亦為互補存在的狀態，也
因此必須不斷地在創作場域中進行「對話與喧聲」才能逐漸
完整化其主體性。

> 巴赫汀首先關心的是人如何在認識自我的過程建構
> 起自己的主體的這個問題。巴赫汀把主體的建構看
> 成一種自我與他者的關係－人的主體是在自我與他
> 者的交流、對話過程中，通過對他者的認識與他者
> 的價值交換而建立起來的。[10]

　　Bakhtin, M. M.(巴赫汀)認為：審美活動有三個要素，
它構成了美的本質，必須依靠不同個體之間的互相對話、交
流來達到完整性。此三要素為：「視域剩餘、外在性、超在
性這三個概念，談的都是差異與同一、自我與他者的關係。
我看我自己總是不完整的、片面的」。[11]

---

10 劉　康，《對話的喧聲：巴赫汀文化理論評述（Bakhtin's Dialogism
　　and Cultural Theory）》。臺北，麥田出版，2010.10，20。
11 劉　康，《對話的喧聲：巴赫汀文化理論評述（Bakhtin's Dialogism
　　and Cultural Theory）》。臺北，麥田出版，2010.10，22。

本研究在 Bakhtin, M. M.(巴赫汀)的三個理論視域上，以筆者近年來的創作作品以及發表於期刊的論文基礎上來進行書寫，並探析其創作場域中不斷在對話關係中生發效應的「意心象、意物象、意語象」，來回溯再建構筆者創作經驗中的「對話與喧聲」的現象。

第二節　研究設計

一、研究範圍

　　一個民族舞蹈的創作作品在創作歷程中涉及太多的人事物等各種不同的層面，作品的詮釋亦可由各個不同的角度切入來探討，本文選擇以創作歷程中其意象變化的脈絡來進行分析與探討。本研究的主要研究範圍是從巴赫汀的「對話與喧聲」中探討民族舞蹈創作場域中的「對話與喧聲」的現象，而多視角的對話與喧聲則會產生多元化的「意象」，並影響著創作的脈絡，「意心象、意物象、意語象」，此三個層次有其自然的隱晦性與結構性，由混沌化、不明化漸漸發展至形式化與結構化，最後再發展至言語化與詮釋化。

　　本研究以筆者近十年來的創作作品以及合作的舞者為主要的研究範圍，探討民族舞蹈創作場域中的「意象」、「對話與喧聲」，由於筆者認為在創作場域中「創作者與自我、物及舞者」的「對話與喧聲」是複雜難以敘說的。作品的形

成是一種「意象」由隱晦至可感的脈絡。「意象」是想像力的重要前引因素，許多的想像力都源於隱晦不清的「意象」，它具有感性的、美感的、符號性的意向性。那麼，這一流動的脈絡是如何演變的，這是筆者認為值得研究與探討之議題。

二、研究限制

本文立足於「民族舞蹈創作」的文化性與當代性融合的基礎上，聚焦於「創作歷程之實踐經驗現象」，不涉及民族舞蹈完整傳承的層面，僅專注在民族舞蹈的創作層面分析與探討。本文所探討的「民族舞蹈創作」亦僅限於筆者近年來的創作作品，不涉汲所有民族舞蹈的作品。內文中所使用的文獻資料，主要以創作歷程的現象分析及創作作品探討、推衍為主，輔以美學、哲學的論點，進行關於「意心象」、「意物象」、「意語象」及「眾位他者」在民族舞蹈創作歷程之實踐經驗裡的細微現象，所推衍出的理論僅限於民族舞蹈創作的參考，未必能適合其他舞蹈創作之用。

三、研究議題

本文研究議題為「意心象、意物象、意語象」這三個層次及「眾位他者」在創作歷程中彼此對話與喧聲的現象。其「創作者與自我的對話與喧聲」屬於「意心象」層次；「創作者與物的對話與喧聲」屬於「意物象」層次；「創作

者與作品及舞者的對話與喧聲」屬於「意語象」層次，此三
個層次有其自然的隱晦性與結構性，由混沌化、不明化漸漸
發展至形式化與結構化，最後再發展至言語化與詮釋化。

（一）**意心象**[12]

以內在圖像為主的「對話與喧聲」，透過直接的圖像視覺，
回映產生對於作品的對話，逐步形成內在某種感知的核心，
最終以此作為創作作品的核心概念。意心象在創作場域中的
「對話與喧聲」是作品內在靈性的存在意義。

（二）**意物象**

以形式為主的「對話與喧聲」，以意心象所形塑出的核心概
念，逐步建立起與之連結、發展的舞蹈形式，緊扣著核心概
念來發展形式，一方面符合創作者述求與美感判斷，另一方
面又能契入舞者各自身體的自由度與內在驅性。意物象在創
作場域中的「對話與喧聲」乃為主體結構的意義。

（三）**意語象**

意語象則透過言語來詮釋創作作品意義，本文所指的言語有
著更深廣的隱喻性意涵，不僅止於符號字面上的意思，創作
者透過隱喻性符號來回映有關創作的美感、節奏、質感、氣
韻、狀態等等的引導。隱喻性符號能較有效地創造出意心象
的想像深度與廣度，深化意心象核心概念，質化意物象的舞
蹈形式。

（四）**眾位他者**

眾位他者意指處於創作者之外的「人與物」，在本文統稱為

---

12 意，具有意向性、想像性的動詞意涵。

眾位他者。眾位他者有著差異化的存在現象,在創作歷程之最終,必須得經歷彼此喧聲,在作品中達到一致的共感,進而創造出以作品為核心的疊映空間。

四、研究目的與研究問題

(一)研究目的

根據上述內容,本研究的目的在於創作場域中的「對話與喧聲」如下:

1. 意心象 —— 探究創作場域中「美的感悟」。
2. 意物象 —— 探究創作場域中「創作的盲區」。
3. 意語象 —— 探究創作場域中「隱喻性之流」。
4. 眾位他者 —— 探究創作場域中「共震的喧聲」。

(二)研究問題

1. 意心象 —— 「美的感悟」

本章探討的問題在於民族舞蹈的創作歷程裡,「意心象」層次中之感悟的現象;身體感性焦點的取捨;不自覺的身體感生發的狀態。

2. 意物象 —— 「創作的盲區」

本章探討的問題在於民族舞蹈的創作歷程裡,「意物象」層次中之創作者的構思現象;創作歷程中身體的反映狀態;創作者在作品意義與形式的解構及建構。

3. 意語象 —— 「隱喻性之流」

本章探討的問題在於民族舞蹈的創作歷程裡,「意語象」層次中之他者存在自由度的現象;創作者運用隱喻符號言說著

作品的意義，引導舞者們的身體感趨向共感的現象；隱喻詮
釋所蘊涵的知識轉化力。

　　4.眾位他者 —— 「共震喧聲」

本章探討的問題在於民族舞蹈的創作歷程裡，創作者與眾位
他者彼此互映喧聲的現象；創作歷程最終之共感無我的狀
態；創作者與眾位他者彼此間不斷堆疊、融滲、映襯的意象
所積澱而來的一種「疊映空間」的意涵。

五、研究方法

　　本文以筆者近年來的創作實踐經驗，形成一種研究的
文本，將經驗轉譯成一有意義且可被解讀的研究，同時運用
哲學、美學、藝術的理論方法，以文獻結合民族舞蹈創作之
實踐經驗，交互論證、推衍，詮釋並分析。筆者由情境參與
者的角色在創作的特定情境中理解、詮釋、建構的事件之意
義，筆者以自身的「民族舞蹈創作」歷程為研究題材，藉此
剖析創作歷程中的現象，解析並詮釋其創作歷程中「意象」
演變的層次，創作歷程中必然涉及了對傳統文化的想像、當
代美學判斷的融合表現，因此，筆者以自身創作之實踐經
驗，結合哲學、美學、藝術的論點，以切入剖析創作歷程中
不同意象層次的「對話與喧聲」之現象。本研究以「對話」
來探討民族舞蹈創作歷程中不同意象層次的種種現象，層層
剝解回映、差異化視域的解析，其中包括創作者與自我的對
話與回映的「意心象」層次；創作者與物及他者對話的「意

物象」層次；創作者運用言說著的隱喻言語的「意語象」層次；以及最後眾位他者在創作歷程堆疊出的共感現象。

第三節　研究內容與架構

一、研究內容

　　本論文將分為幾個部分來探究民族舞蹈創作場域中的對話與喧聲，第一章為「緒論」，敘說此論文的研究背景、理論基礎、研究的實務題材、作者對於民族舞蹈創作實踐的觀點；第二章為意心象－「美的感悟」，Bakhtin, M. M.(巴赫汀)言：感性存在，「只有在各個體感性的自我存在與他者存在的相互交流、對話、依存中，主體的存在才能充分全面地體現」。[13]創作歷程中美的感發是一種感性的存在，這種感性的存在來自於創作者與舞者的對話、與文化的對話、與當代氛圍的對話、與服裝道具的對話；第三章為意物象－「創作的盲區」，這是指每個個體存在，每個自我，看自己之時總有盲區，但自我的盲區（如臉孔和背面）都可以被他者所看見。這種個體視域的獨特、不可替代和互相補充，即

---

13 劉　康，《對話的喧聲：巴赫汀文化理論評述（Bakhtin's Dialogism and Cultural Theory）》。臺北，麥田出版，2010.10，20-21。

為每個人擁有的視域剩餘」。[14]創作歷程中的盲區，創作者
自我不可見、不得見，但或可感知盲區的存在，在創作歷程
脈絡裡如何發覺盲區所在？運用「Bakhtin, M. M.(巴赫汀)
的美學觀，「強調美的主體間性。美產生於自我與他者的積
極對話、交流，主體之間的互動、衝突、互補」，[15]創作盲
區的發現或許是一種創作契機；第四章為意語象－「隱喻性
之流」，此章探述言說著的語言符號，相映著創作場域中情
境的不同，隱喻性地試圖詮釋那個不斷轉折且難以言述的創
作意象，如何令「他者」們能有所互映、互感與互融；第五
章為眾位他者－「眾位他者－共震喧聲」，主體的兩個方面
或兩個主體之間互相對話、溝通，成就了一種創作的共感，
這是來自於創作者與眾位他者之間的共震與共感並與作品意
義堆疊、融滲、映襯而構成－「疊映空間」；第六章為「結
論－凝煉實踐經驗」，源於傳統文化沃土養分的民族舞蹈，
透過意心象、意物象、意語象的層次轉化至舞蹈形式，這樣
的創作實踐在長期積澱下來，一次又一次的累積經驗。創作
歷程中的真實對話來自於創作者長期積澱而來的「實踐經
驗」，本章探討創作場域的最終現象，如何共感趨於一致，
體現於作品

---

14 劉　康，《對話的喧聲：巴赫汀文化理論評述（Bakhtin's Dialogism
　　and Cultural Theory ）》。臺北，麥田出版，2010.10 ，23。
15 劉　康，《對話的喧聲：巴赫汀文化理論評述（Bakhtin's Dialogism
　　and Cultural Theory ）》。臺北，麥田出版，2010.10 ，23。

二、研究架構

基於上述所討論，本文的研究架構如下：

（一）意心象 ── 「美的感悟」

以意心象－「感性的對話－美的存在」為題，意心象，在創作脈絡裡，意心象是位處於模糊化、隱晦化、有感而不知何感、心動卻無法言敘的層次，意心象源於內在的美感，一種莫名的美感，是創作意識大海中的一波波浪潮，蘊藏著、積累著「能量」。這個議題將分為下列三個部分來進行：

1.美的感悟。

2.身體的感性焦點

3.不自覺的身體感

（二）意物象 ── 「創作的盲區」

創作盲區有時不易發現，有時發現得自於創作者突發性的直覺回映，有時得自於舞者某種狀態下的身體表現，有時得自於某些錯誤的嘗試中。創作的盲區，常常存在著驚奇之感，本章由巴赫汀對話美學中的「視域剩餘、外在性、超在性」來探究創作中的盲區，主要分為下列三個部分來探究之。

1.創作者的構思

2.創作中的身體反映（**reflecting**）[16]

---

16 本文常用反映（reflecting）一詞，意指創作歷程中的他者、物的狀態，以

3.解構 —— 建構 —— 再解構

（三）意語象 —— 「隱喻性之流」

創作場域中的補償來自於外在性的他者，創作者是舞者的外在性存在因素，舞者亦是創作者的外在性存在，二者在創作場域中相互補償，補償的具體效應則顯現在作品之中，創作場域中對話的隱喻符號是形成質變的他者。本章探究創作場域中的外在性他者 —— 創作的補償，主要分為下列三個部分來進行探討。

1.主體間共映的自由度

2.隱喻之流

3.創作者的知識轉化力

（四）眾位他者 —— 「共震喧聲」

創作場域中無數次的交流、互動、對話、喧聲，最終主體不再是創作者，亦不再是舞者，而最終的主體性都交織在作品了！透過超在性的無我 —— 創作的共感，來探討創作場域的最終現象，共感趨於一致，體現於作品。本章主要分為下列三個部分來進行探討。

1.喧聲

2.共感無我

3.疊映空間

及自身與之的關係所產生之相映的現象。

第二章 意心象 ——

「美的感悟」

筆者曾與舞蹈家胡民山對話，他提到了關於「意」與「象」的觀點：

> 在中國文化及美學形成中，神話《山海經》以形象組接出的物象(龍……)，對聲色、形貌的描摹與強調，最後促成了具體的圖騰崇拜。於莊子的意象則有飄然而渾化無跡的神韻之美。莊子的審美境界生成，離不開「意」、「象」、「象外」等三個要素。「意」，具有無窮性、精神性和獨特性的體驗性。「意」與「象」合，產生了豐富的「意象」，但「象」的有限性，「意」的無窮性要求突破有限性的「象」，於是飛往了「象外」的時空，這就產生了涵容有「意」、「象」、「象外」的「境」。……「境」，在「象」的基礎上生成，同時又是對「意」、「象」、「象外」在廣度及深度上的突破與延伸。[1]

---

1 訪談舞蹈家胡民山及其手稿，2019/03/13。

　　意與象合成了「境」，然而意象的最原初狀態為心象狀態。意心象，屬於最深層、模糊、隱晦的意象層次，是一種模糊不明確、隱晦難言述的意象內涵，但卻有一股內在動能的存在，同時會在心裡產生具有某些圖像化的「身體感」。意心象，在創作脈絡裡，意心象是位處於模糊化、隱晦化、有感而不知何感、心動卻無法言敘的層次，意心象源於內在的美感，一種莫名的美感，是創作意識大海中的一波波浪潮，蘊藏著、積累著「能量」，或許能逐漸形成特有的形式而成為作品，或許只是以一種莫名的美感而存在深暗不明的意識大海中持續地微波盪漾，等待成為大浪潮的時機。「美學應當以藝術作為主要對象，通過藝術來研究人對現實的審美關係，通過藝術來研究人類的審美意識和美感經驗，通過意識來研究各種形態和各種範疇的美」。[2]意心象所蘊藏的能量，可透過「觸發」來引動，這「觸發」可能是與美的對話、與物的對話、與人的對話、與自我的對話、與處境的對話所觸發，意心象所蘊藏的能量一旦有所觸發，可以成為創作上的一種引動的能量，因此意心象能在創作意識之初所產生的「動能」，筆者稱之為「意動能」。

> 「意動能」（Kinesthetic energy of intention），意指來自於「意象」所散發出的訊息能量，它會影響身體舞蹈動作的發動與發展。[3]

---

2 蔣孔陽，《蔣孔陽全集：卷三》。合肥，安徽教育出版社，1999，40。
3 蕭君玲，〈蕭君玲民族舞蹈創作實踐經驗的敘說 —— 對話中的意象〉，《臺灣舞蹈研究》，13（2019）：1-28。

意心象，以「圖像」為主來控制身體呼吸之韻，聯結到「意動能」所產出的「身體感」，並從中建構某些相映的形式與動作，這樣產出的具有圖像內涵的「身體感」掌握與發展，在民族舞蹈的創作中，最佳的運用方式即是透過呼吸來控制身體的民族舞之「氣韻」。因此筆者提出的「圖像式呼吸」，圖像式呼吸，可以依照舞者自身的「意動能」狀態及意心象所產生的「圖像」狀態，來透過呼吸控制身體的外形與舞動，使其內在與外在融合一致，產生「氣韻」，不致於淪為一種為了模倣外在形式而舞，卻不知為何而舞的窘境。[4]

對於「意動能」的內涵與詮釋是築基於筆者近三十年的創作經驗，在創作意識的大海中，「意動能」是一種相當模糊不清、隱晦不明、無法言敘的能量感，存有一股動能著實影響著創作的意識，並在創作之初期逐步產生具有某些圖像的「身體感」。筆者在作品《煙沒》創作之初乃受感於宗教信仰中的點香現象，香絲飄流狀態的美，在內心形成一種無形的感動，自從筆者在這個宗教信仰文化豐盛的臺灣成長，這樣的美感不知道已經積澱了多麼豐厚，這樣的美感已然成為不可見的微感一直盈流在意識的大海裡。《煙沒》創作之初，內心有著一股想要以飄流旋動的自由來展現，這種

---

4 蕭君玲，〈蕭君玲民族舞蹈創作實踐經驗的敘說 ── 對話中的意象〉，《臺灣舞蹈研究》，13（2019）：1-28。

飄流旋動的自由又是一種創作者自身處境的情感投射現象，一種處境情感來自於身處在當今社會環境中，渴求某種「自由空間」的不可得之期望！美學家李澤厚提到，在審美心理中，「社會的、理性的、歷史的東西累積沉澱成了一種個體的、感性的、直觀的東西，它是通過"自然的人化"的過程來實現的」。[5]

> 「圖像式呼吸」，是蕭君玲長期浸潤在民族舞蹈的身體身起韻落的體悟，認為民族舞蹈的「韻」來自於呼吸的節奏，而呼吸是有線性的、是圖像式的，如此舞者的身體透過有圖像的呼吸，就不易流於表象上的「假韻」，而能透過內心圖像的引發來舞蹈著，身體流透出的「韻」是有意義的「韻」。[6]「圖像式呼吸」：身體舞動的「韻」來自於呼吸，蕭君玲要求舞者呼吸時內心要有圖像，因為心裡的圖像會使得呼吸成為有線條的曲線，它會影響整個身體的舞動。「圖像式呼吸」，身體一呼一吸的節奏、深淺、延綿都因內在心裡的圖像不同而存有差異。[7]

《煙沒》創作之初來自於意心象的隱晦，此時尚不得知能以何種形式來表現，唯在創作意識的大海裡有一股「意

---

5 李澤厚，《美學四講》。三聯書店，1989，123。
6 鄭仕一，〈再建構的創作憶痕 —— 胡民山、蕭君玲之民族舞蹈創作歷程分析〉(臺灣師範大學體育學系博士論文，2014)，39。
7 鄭仕一，〈再建構的創作憶痕 —— 胡民山、蕭君玲之民族舞蹈創作歷程分析〉(臺灣師範大學體育學系博士論文，2014)，141。

動能」之浪潮的蠢蠢欲動。然後從一股源於創作意識大海中
的浪潮，逐步發展形成作品初步的形式概念，對映上了筆者
浸潤的成長文化的細緻且獨特領悟。當身處於宗教信仰文化
中的禮佛點香後，觀照點香後的燃煙裊裊、煙絲飄流並透視
至佛相的視覺餘感，「美的存在」引流而出，觀察點香後的
煙絲飄動，隨著不同的微微氣流而有不同的引動，筆者用手
掌蓋住了向上飄流的煙絲，煙絲轉而向下向外流動，形成一
種被迫性的聚集再擴散的美狀，另外在禮佛時的身體動作亦
造成一些氣流，引動著煙絲快速旋動而變化，這些都使得煙
絲呈顯出一股特殊的美的曲線飄逸著！飄逸著美感、飄逸著
信仰，美感在文化裡，文化在美感裡，彼此交織著！此時在
意心象的隱晦，初步反映出了創作《煙沒》最初的「圖像」
概念，具有「圖像」的「身體感」也就由此而生。一種日常
生活中的外在感知，對映到了創作者創作意識中的「意動
能」的脈流狀態，外在看似平常無奇的現象，內在創作意識
中合流形成另一股新的「身體感」！在創作歷程中的各類形
態的對話，是將意心象的能量逐漸形式化的重要機制，因此
就筆者的創作經驗而言，對話是再確認內心深處的美感存
在。

　　由「圖像式呼吸」是可以較有效地來發展出相映此
　　層次意象的形式與動作，不論是將意心象中的「圖
　　像」轉化至形式符號，或是對於內在的「意動能」
　　的掌握並使其相映於外在形式與動作的有效性也會
　　較佳。意心象，屬於意象三層次中最為模糊、隱晦

的層次，對於內在「意動能」的詮釋是處在一種模糊不清的狀態，它屬於一個產生圖像的過程，因此，在意心象的層次，是極為隱晦不明的，直至某物、某景、某境對映上時，才會較明確地產生「圖像」概念，這亦是筆者創作之初的狀態。[8]

　　基於上述，「意心象」的對象是「美的感悟」、「感性焦點」、「身體感」所創發出來的圖像，並以此圖像來控制舞者的身體呼吸狀態。「意心象」源於創作最初期的隱晦之感悟，一種關乎於「美」的感悟，因此本章接下來將以「美的感悟」、「身體的感性焦點」、「不自覺的身體感」分三節來深入探究之。

第一節　美的感悟

　　美的存在，來自於「感悟」，感悟在心靈中激起的回響！美的感悟，在創作場域中，美何處存在？何時存在？「自然界依其自身的規律運作，顯示了無心而有秩序的美感」。[9]不論是自然界的美，或是文化之美，或是當代時尚的美，都是筆者創作的泉源與感悟。對於美的感悟在筆者創作脈絡裡是極為重要的！筆者常常不自覺地對某種經過歲月年

8　蕭君玲，〈蕭君玲民族舞蹈創作實踐經驗的敘說 ── 對話中的意象〉，《臺灣舞蹈研究》，13（2019）：1-28。

9　傅佩榮，《向莊子借智慧》。北京，中華書局，2010，71。

度催化後的自然痕跡，有著強烈的感悟，或是對於女性身體
的線條美感以及東方風韻有著特殊且強烈的感悟！總是在這
樣對映的時刻裡，能激起內在強烈的感悟，並注入轉化為創
作的題材或內涵。

　　　　"感悟"做為中國傳統美學的重要範疇，有著不同於西
　　　方傳統美學思想的獨特性質。並且就在這種差異性
　　　中，體現出"感悟"範疇的優異性。首先，它表明在中
　　　國傳統美學看來，審美活動雖然是一種感性活動，
　　　但它卻同樣可以獲達宇宙人生的極境，把握人生的
　　　真諦。……而中國傳統美學的"感悟"說，則強調了一
　　　種於審美感性體驗之中的悟性超越。它表明，審美
　　　感悟不是思辨的推理認知，而是個體的直覺體驗，
　　　它不離現實生活，是在審美經驗中通過直觀與飛躍
　　　而獲"悟"，所以它是在感性之中獲得超越，既超越而
　　　又不離感性。[10]

　　在筆者近三十年的創作實踐經驗裡，美的感悟常常發
生在創作過程中的對話之中被碰撞、被激發出來的。它可能
來自於各種不同層次、不同對象、不同情境意義中的對話，
既具有文化性、歷史性，同時更蘊涵著社會性、當代性！
「藝術的載體，是對一個時代的覺察能力。人的恆定感，可

10 劉　方，《中國美學的基本精神及其現代意義》。巴蜀書社出版，
　　2003，254-255。

以使自己成為世界的一切，這是人生最大的美感。安靜，則可以讓人專注觀察世界」。[11]因此，美的感悟依循著不同的意義生成而有所不同，本質上而言，在民族舞蹈創作場域中，美是具有變動性、活躍性的，美的存在視創作場域中的人、事、物而有所不同。赫伯特・裡德（Herbert Read）認為：「人類具有一種不變的特性，能夠和藝術的形式相呼應，我們稱之為對美的感受力」。[12]在筆者的創作場域裡，各種不同的對話不斷發生，美的感受力亦不斷接收各式各樣的訊息而相當活躍與變動，在創作場域裡，美是不斷意外地發生，不斷地在各種言語對話、身體對話之中發生的。創作場域裡總是不會照著預期進行的，總是依循著場域裡的人、事、物、空間、氛圍而有所變動。因此，是難以預期的！「想像創造了虛幻的世界，它源於現實世界又不同於現實世界，想像是創造審美意象的基石」。[13]但美總是存在於創作場域裡的，有時舞者會表現出他們所認為的美的姿態、舞蹈動作，但是否能與創作者內在所存在的「美」對映上，那就得依循著不同的對話現象了！美的感悟在不同的創作歷程中的變化亦是不一致的，似乎沒有既定的規則可言、可依循，美的感悟依據感悟之人自身的文化素養、內涵及對舞蹈之美的判斷力的不同，而在創作場域中形成創作者與舞者們在美的感悟過程的對話中呈現出游移的狀態，不易捉摸。

---

11 葉錦添，《神思陌路》。臺北，天下雜誌，2008，179。
12 赫伯特・裡德（Herbert Read）著，《藝術的意義（The Meaning of Art）》（梁錦鋆譯）（臺北：遠流出版社，2006），37。
13 蕭君玲，《中國舞蹈審美》。臺北市，文史哲，2007，98。

美雖然難以捉摸，卻仍是可以考證的，只要把過去認為美的事物一一找出，或許就能演繹出時代的美的邏輯。美的特質會根據歷史及文化的更替而有所差異和轉移，又往往隨著其他價值觀呈現（如真與善），因此美可以說是人類創造出來最游移，卻又最具有普世性的一個詞語。（幾乎每個文化中，都有這個謎樣的字詞）。[14]

因此，作品的「美」乃存在於創作場域中不斷地對話當中，包含著所有的主體對映著創作場域裡發生的事件、現象、氛圍所產生的內在映象、包含著創作者自我與自我的對話、舞者自我與自我的對話、創作者與舞者的對話、舞者與舞者的對話、創作者與物的對話、舞者與物的對話、創作者對展演舞台想像空間的對話等等。在這些對話過程中，美相當游移不定，在一次次創作場域中不斷對話的積澱中，才能逐步形成作品。「『美』必然是人類語彙裡，最充滿岐義的字之一」，[15]「美就像地球上的物種一般多樣，以至於對多數人而言，美都像一種模糊、不安定的神秘感受」。[16]「美」的神秘性、模糊性、吸引性，正是筆者長期創作實踐最感到有驅動力之處，如何將美的神秘、模糊，吸引的特性形式化至民族舞蹈作品裡，是筆者極為享受其中樂趣之處，創作過程或許相當痛苦，一旦成功將內在美的感悟轉化為作品時，

---

14 吳明益，《浮光》。臺北，新經典圖文傳播，2014.01，229-231。
15 吳明益，《浮光》。臺北，新經典圖文傳播，2014.01，254。
16 吳明益，《浮光》。臺北，新經典圖文傳播，2014.01，256。

那是一種極大的成就感！「舞蹈創作的實質就是在結合生活把握理性的基礎上，通過創作者的想像、聯想及個人的創作特色通過感性的方式表現出來」。[17]在一次又一次看似相同卻又不同的創作場域裡，存在著多元差異化的對話狀態，「美的存在」就在這些對話狀態裡被選擇、汰換、提昇、轉化，最終成就作品。

> 美是一種後設性的存在，得先有美的事物，才會有人去進行美的詮釋。但對演化學者來說，藝術與藝術之美的存在，卻是可以和人類的生存掛勾解釋的，也就是說，在人的動物性中，美本然存在。[18]

「美」究竟是先天存在的人的天性，或是後設性的存在，得需有某物才能感受其「美」。或說是一種需要對話的過程，美的感悟才能發生，美的感悟往往與所對映之人的內在內涵有關，亦可說美的感悟對於感悟之人是存有意義的，因有了意義，美的感悟才能存在，也就是說美的感悟並不是單純視覺與畫面的關係，也不是單純聽覺與音聲的關係而已！

> 蔣勳說：快感並不等於美感，因為美感不只停留在器官本身的刺激，而是提升到心靈的狀態。[19]當感官

---

17 李敏芳，〈淺談舞蹈創作中理性問題和感性問題〉《藝術科技》，5（2013），121。

18 吳明益，《浮光》。臺北，新經典圖文傳播，2014.01，231。

19 蔣　勳，《美的曙光》。臺北，有鹿文化，2009.08，283。

的主人，而不是感官的奴隸：在探討官能之後，收
尾的部分希望能夠大家一起進入另外一個不同的領
域—心靈領域。人類感官所發出的快樂，不一定是
負面的。因此讓感官被壓抑、受節制，或者忍受很
多難熬的戒律，並不是美的正常發展。[20]

蔣勳說：美，究竟是什麼？美有一點像走在鋼索上
的人，兩邊都是陷阱，他要保持在鋼索上的平衡。
美是平衡，是感性跟理性的平衡，也是快感與美感
的平衡。當你談到心靈，別人覺得就是跟感官對
立。剛好相反的，我覺得，美要達到心靈狀態是開
始於感官的……。美應是一種心靈的綻放，應該是
可以毫無羞怯的。[21]

　　筆者認為，在民族舞蹈創作的經驗裡，作品之完成是
需要在對話中不斷進行判斷的，在這些眾多且差異的「美的
判斷」裡，有時是筆者內在一種很天性的「美的反映」；有
時是發生了某種特定的狀態時的「美的反映」，例如舞者在
創作者隱喻化的引導之後所呈現的肢體狀態。筆者也很難判
定這些「美的反映」是來自於天生的特質？或來自於後天所
積累的經驗？筆者唯一能確定的是在創作場域中，這些不斷
生發的「美的反映」是一種「權力的喧聲」，創作者的權力
使某種「美」能存在於作品裡，創作者的權力喧聲主導了舞

---

20 蔣　勳，《美的曙光》。臺北，有鹿文化，2009.08，284。
21 蔣　勳，《美的曙光》。臺北，有鹿文化，2009.08，287。

者的身體狀態，主導著作品發展的脈絡。但是由另一視角來看，創作者「權力的喧聲」是唯一存在的權力嗎？在筆者的創作經驗中，創作場域裡舞者也存在著某種「權力的喧聲」，舞者亦有著表達對話的自由空間，言語可以表達、身體舞動亦可以表達著舞者自身的「權力的喧聲」。創作者與舞者之間彼此的「權力的喧聲」，亦是對話的一種現象，「美的反映」也在此間被激發著。

> 蔣勳在《此時眾生》中提到：美是和諧，並不是一致。和諧基本條件是個體的不同，音樂裡的「和諧」是不同音符聲調的配合，繪畫裡的「和諧」是不同色彩構成的互補關係。[22]

　　另一種「權力的喧聲」來自於道具的特性，民族舞蹈中使用的道具，都有其特性，舞者要發揮道具的特性，得依其特性而轉化，因此，道具的「權力的喧聲」是存在著，所以在筆著的創作經驗裡，創作者與舞者都必須使用多元且差異化的視角來與道具對話，如此方能使道具的特性有新的發展的可能性。民族舞蹈的創作場域還存在著某種特殊的「權力的喧聲」，那就是傳統文化的喧聲，它是一種無形的存在，卻相當有力的佔據某種地位，不斷地於民族舞蹈創作場域裡有權力的喧聲著，巴赫汀說：「文化中的外在性是人類理解的最重要因素」。[23]創作者與自我、舞者、物（道具）、

---

22 蔣　勳，《此時眾生》。臺北，有鹿文化，2012，179。
23 劉　康，《對話的喧聲：巴赫汀文化理論評述（Bakhtin's Dialogism

眾位他者（燈光設計、服裝設計、舞台設計）存在著不斷地
拉址與對話的狀態，作品則在此「權力的喧聲」的間性中逐
漸確立完成。就筆者創作經驗而言，一個民族舞蹈創作作品
的意義形成，在其過程中創作者得不斷地思索其文化內涵，
必須與創作意象的原點不斷地對話。它是一個文化層面或社
會層面的令創作者產生「反映（reflecting）」的感應點。因
產生「反映」的同時，已對創作者本身而言具涵著某種程度
的意義了。所以創作者對這有意義的「反映」進行思索與對
話，對話中考量各種可能轉化至民族舞蹈創作的路徑與形
式。創作意象的對話對於筆者的創作實踐而言是相當重要的
且相當深刻的，例如筆者 2003 年創作《香讚》的創作意象
是「行天宮的香煙裊裊」、2006 年《倚羅吟》的創作意象是
「漢代畫像磚的舞姿」、2008 年《殘月‧長嘯》是「不得志
的隱居心境」、2016 年的《逍遙》是「擺盪的鬆勁之美」等
等。

> 在長期創作民族舞蹈的經驗，一方面時刻注重作品
> 的文化內涵，以期民族舞蹈在文化的發展脈絡下成
> 長；一方面又得思索在形式內容、意境上如何有新
> 意，以期感動自身、感動舞者、感動觀眾。筆者長
> 期在這二個層面的思考，促使了對於當代民族舞蹈
> 創作的意義有更深入的探求。[24]

and Cultural Theory ）》。臺北，麥田出版，2010.10，96。
24 蕭君玲，《變動中的傳承：民族舞蹈創作的文化性與當代性》。臺北，

　　創作者在創作場域中帶著「權力的喧聲」與舞者們對話，創作者有所開放性亦有所堅持性，對於開放性而言，對話則能藉此發現舞者們的身心質性、經驗質性、技術質性等，對於堅持性而言，對話則較具封閉，創作者對於作品脈絡的大格局以及細節部分的精緻都有所堅持。二種對話的方式，一方面保證了承載作品的舞者能有自我展現的空間，一方面保證了創作者對於作品創發的原創意圖與品質。「各種能量都會湧出不同的構想……人的靈魂深邃的記憶，在時間以外，竟默默地在不知名的地方進化著」，[25]美來自於「感悟」，這些感悟早已默然地存於身體之中，透過在創作場域中的對話，這些感悟會形成一種流動的能量，在眾位他者與創作者之間流動，引發各式交流後的美感，進而自然地融入創作作品裡。美的感悟是來自於對長期舞蹈身體實踐的積累與反思體現在身體感之現象，美的感悟是來自於對文化藝術的認知與想象體現在身體感，美的感悟來自於對當下社會狀態的覺察與判斷體現在身體感，筆者創作《浮夢》作品時，在作品舞意中曾提到：「從古至今，一個族群共有的文化積澱，逐步凝聚成獨具特色的形式與符號，我們可以追溯文化的形成歷程，找回其成形的文化因素；我們也可以由今思古，由文化的歷史點開啟美的想像」。[26]由今思古，可開啟不同視角下的美的感悟，或許今與古脈絡相同，人物不同，

文史哲出版社，2013，61。
25 葉錦添，《神行陌路》。臺北，天下雜誌，2013，98-99。
26 蕭君玲，《臺北市立體育學院舞蹈系年度公演節目冊》。2012。

或許今與古事件原因相同，結果不同，或許今與古事件結構
相同，內涵不同，這些都是可以由今思古的對話，皆可成為
創作場域中的養分。「傳統是文化發展延續的基礎，⋯⋯傳
統在它所屬的那個時代 也曾經是創新的產物，創新和傳統
是一個不斷演化的過程」。[27]筆者長期以來的民族舞蹈創
作，無法捨離傳統文化，但並不是複製傳統，是在傳統與創
新的細縫中尋得一線新機，長期創作的實踐積累，在傳統與
創新中尋找美的感悟，轉化至民族舞蹈創作中，長期以來已
然緩緩地成為自身創作的特色，亦是筆者對傳統與創新的態
度。持續由今思古的對話，以尋求新的美感；持續在創作場
域中與眾位他者對話，探覓他者的身心質性、經驗質性、技
術質性，以獵取創作的養分與發展的方向；持續與自我對
話，挖掘內心深處不可感知的、無法言述的感動，以不斷檢
視反思未來民族舞蹈創作的形式與風格。

> 作者與主角、自我與他者的對話，是巴赫汀關於主
> 體性建構的美學命題。巴赫汀認為，審美活動或事
> 件中主體之間的關係（作者與主角、自我與他者的
> 關係）乃是一種整體的關係。作者把主角看成為一
> 個完整的、有血有肉的、個性鮮明突出的感性個體
> 存在：「作者對主角的整體看法，是建立在一個建設

---

27 曾肅良，《傳統與創新-現代藝術的迷思》。臺北，三藝文化，2002，
　 83-84。

性和創造性的原則之上的」。[28]

　　創作歷程裡，某些符號會被賦予意義，就如筆者 2016
年創作的《煙沒》，長巾被賦予了代表腦中不斷湧流而出的
思緒，「這些符號通過漫長的遭遇，而產生它的定義」。[29]
《煙沒》作品的長巾舞蹈技法不同於傳統的長巾技法，融入
了武術劍法的快速轉動的技法，起初是相當困難克服的，長
度很長的巾要運用劍法的快速轉動技法，在不斷試驗的過程
中找到了融合的方法，在節奏上留下時間，在身體與長巾的
關係中留下空間，最終發展出不同於傳統的長巾舞蹈技法，
成就了作品《煙沒》，新技法亦較貼切地象徵著「不斷湧流
而出的思緒」的意義。這創作技法對筆者來說，源於一種來
自於當下的美的欲求，又不滿足於長巾傳統技法與自身欲求
的不契合，這之間的矛盾產生了創作的空間，令創作者有重
新凝視的機會，由今思古凝視，使得身體感有所不同，對於
道具長巾的技法有著不同概念使用，最終在腕部的多元運用
概念上，讓武術劍法與長巾技法相遇融合，美感獲得滿足！
「對於身體、視覺、繪畫的沉思，帶有凝視、人類生活姿態
的痕跡，以及它們所穿越、讓它們活靈活現的空間的痕
跡」，[30]這樣的創作沉思與凝視，對筆者而言，有著充滿意

28 劉　康，《對話的喧聲：巴赫汀文化理論評述（Bakhtin's Dialogism
and Cultural Theory）》。臺北，麥田出版，2010.10，95。
29 葉錦添，《神行陌路》。臺北，天下雜誌，2013，226。
30 梅洛・龐帝（Maurice Merleau-Ponty）著，《眼與心（L'Ceil et
l'Esprit）》。龔卓軍譯。臺北，典藏藝術家出版，2009，63。

義的痕跡，身體感一次一次地被置換、被更新，以致於更加厚實與充滿著「美」！

　　「文化早已非是一種複製再複製的呈現，早已自為地呈顯自身的位移性與異變性」，[31]民族舞蹈創作對筆者而言，「是一種在文化框架下及當代美學判斷的變動下所存在的『文化場域中的自由度』」。[32]在文化場域的自由度裡，創作者必須在許多的時機裡將自身置於眾位他者的視角，以貼近其舞者們的身心質性、經驗質性、技術質性，以貼近舞臺技術工作者的視角，思索其可能性的舞臺技術層面的問題等。

> 巴赫汀說：「作者必須把自己置身於自我之外。作者必須從與我們在現實中體驗自己的生活的角度不同的層面來體驗自我。只有滿足了這個條件，他才能完成自己，才能構成一個整體，提供超在於自我的內在生活價值，從而使生活完美。對於他的自我，他必須成為一個他者，必須通過他者的眼睛來觀察自己」。「作者」和「主角」，實際上指的是主體的兩個基本構成部分。作者為什麼要通過生活的博鬥，來取得外在於他的自我之外的他者的立場？因為只有這樣，他才能全面、整體地把握自己、完成自己、超越自己，從而達到一種「超在」的境界。然

---

31 蕭君玲，《變動中的傳承：民族舞蹈創作的文化性與當代性》。臺北，文史哲出版社，2013，110。
32 蕭君玲，《變動中的傳承：民族舞蹈創作的文化性與當代性》。臺北，文史哲出版社，2013，110。

而，這種超在的境界只是一種最高的美學理想。在現實生活中，在倫理和認知的世界上，「自我」永遠不能完全徹底地超越或超在於他的另一半——「他者」，而「他者」也不可能完全徹底地超在於「自我」。[33]

有限度的自由發展是筆者長期創作最有感的心得，「民族舞蹈的創作者是在有限的自由度裡發展、想像、創作、訓練，這個有限的自由度既是限制，亦是民族舞蹈創作最有價值的特點，創作者應該極力在此有限的自由度中發展特色，進行創作，不可失去這最具文化資產價值的特點」。[34]創作者將自身置於他者的視角，可以更多元化的進行對話，更可以有較大的可能性消解自身的盲區，看見原本不可見的視角，發展更多創作的空間與脈絡，感悟更多美的存在，並實質運用於創作作品之中。或可說民族舞蹈這種有限的自由度創作，是一趟由今思古的「美的感悟」之旅。

第二節　身體的感性焦點

身體的感性焦點的觸動在創作歷程中是一個重要的環節，感性所引發的直覺、美感是發生在理性思維之前的，就

---

33 劉　康，《對話的喧聲：巴赫汀文化理論評述（Bakhtin's Dialogism and Cultural Theory）》。臺北，麥田出版，2010.10，96-97。
34 鄭仕一，〈再建構的創作憶痕 —— 胡民山、蕭君玲之民族舞蹈創作歷程分析〉（臺灣師範大學體育學系博士論文，2014）41。

創作歷程而言，感性焦點所引發的直覺與美感才會逐漸發展
至創作中後期的理性思維中去做判斷，也就是說，創作歷程
的源點是來自於身體感性焦點，例如：筆者曾在悠閒漫步於
河畔時，不經意地發現一面古磚牆上的細縫有著剛冒出芽的
綠枝嫩葉，這一身體的感性焦點，沒想到最終發展出《蔓
生‧枯影》這一作品。「創作者的創作歷程是一種動態的感
性存在」[35]，在創作場域中，創作者一個重要的任務即是：
觸發舞者們具有感性的身體，一旦這身體感性被觸發了，身
體的舞蹈技巧的質感也會隨之改變，表現出有異於僅是外在
形式的舞動境地，二者有著相當差異的舞蹈質感，這些都存
在創作歷程中許許多多的細節裡，創作者自身得具有相當的
敏銳覺察能力、感性觸發能力才能掌控創作域裡發生的一切
身體感知的現象。創作者與舞者們身體感之間互相的對話，
感性觸發、疊覆、融流，最終新的意義築成。就筆者的民族
舞蹈創作而言，感性的觸發則需要隱喻的引發、身體感的示
範、視覺與聽覺的焦點引導，需要先逐步形成某些感性焦點
來建構「意心象」。

　　意心象，一種源於創作意識大海裡微動的浪潮，逐步
形成一種感性的觸發，內在微動的浪潮被推上了岸，以某種
未知「感性焦點」的形成「圖像」湧上創作概念的形式之
岸。例如筆者 2018 年創作《唯醺》作品時，當時的感性焦
點在於以失重心的半醉狀探尋女性的身體婀娜之態，由此焦

---

35 鄭仕一，〈再建構的創作憶痕 ── 胡民山、蕭君玲之民族舞蹈創作歷
　　程分析〉（臺灣師範大學體育學系博士論文，2014），19。

點出發，漸漸地形成某些稍具明朗化的「圖像」，進而成為筆者在創作之時，用來發展身體呼吸狀態的契機。筆者在半醉狀態時所自然而然舞出的態，因長期的民族舞身體感的不斷積澱，而富涵著文化之韻，有一種獨特的「美」。「民族舞蹈的創作者長期以來對這樣具有文化基石的藝術，都有著深刻的思維與創見，因此，創作者可能對民族舞蹈文化層面有著不同的思痕，對當代發展的美學觀也有著高度的敏感性，文化的認知度加上當代各種『美』的敏感度，對民族舞蹈創作起著變化」。[36]

　　「圖像式呼吸」是一種意象訓練，使舞者們進入另一層次的意識裡聚焦，「讓練習者從『關於的意識（consciousness about）』中釋放，進入另一種意識，關照與自身呼吸的關係、氣的循環，以及如何將能量和內在的焦點調配到整個表演中」。[37]以「感性焦點」來漸漸形成「圖像」，進一步來控制民族舞蹈的身體呼吸之韻，這樣的「韻」契合作品的感性源頭。「感性焦點」是一種「意動能」現象，能使創作者及舞者們產出相映的「身體感」，在創作場域中的對話能使其「感性焦點」的引動，使創作者與舞者們的「感性焦點」能漸漸同步，創發共同的身體感。同

---

36 鄭仕一，〈再建構的創作憶痕 —— 胡民山、蕭君玲之民族舞蹈創作歷程分析〉（臺灣師範大學體育學系博士論文，2014），41。

37 菲利普・薩睿立（Philip Zarrilli）著，《身心合一：後史坦尼斯拉夫斯基的跨文化演技（Psychophysical Acting:An Intercultural Approach after Stanislavski）》（馬英妮、林見朗、白斐嵐譯）（臺北，書林出版，2014.07），69。

時，並從中建構、發展、創新某些相映的民族舞蹈形式與技巧，這樣產出的具有「感性焦點」內涵的「圖像式呼吸」，在民族舞蹈的創作場域中，是發展作品的技法之一，在筆者的民族舞蹈作品中，注入「氣韻」就是觸發舞者們的民族舞的身體感，並與之對話，形成共同意象節奏的「感性焦點」。

　　在筆者的創作場域中，控制呼吸需要身體感性的內在能力，身體的感性能力極為重要，若無較敏銳的感性能力，內在焦點無法凝練，則可能落入只存有外在形式的虛假動作而已，在長期的表演與創作實踐中，筆者一直都相當重視舞者的身體舞動要具有真實的感動，如此方能使得舞蹈動作、技巧、形式都能蘊涵著意義，呈現出真切符合身心感受的舞蹈狀態。「美學要解決的，正是個別特殊的個體感性的存在如何自我完美，如何成為整體的問題」，[38]因此，身體感性能力就在創作歷程中顯得相當重要。

> "身體"的作用中最重要的作用，就是知覺的功能，這種功能使人的外界與內在的世界可以構成一活的生活世界，使人去感知周遭的一切，體現周遭的當下，將一切外在世界與人內在的世界隔閡打碎，使得外物的存有不再是對立的或孤獨的，而是與我們

---

38 劉　康，《對話的喧聲：巴赫汀文化理論評述（Bakhtin's Dialogism and Cultural Theory）》。臺北：麥田出版，2010.10，85。

的存在的最高的形式形成一體。[39]

　　因此，在筆者的創作實踐經驗裡，「感性焦點」的形塑是創作之初相當重要的起動，有了較清楚的「感性焦點」，其「意心象」的蘊成則能較有效地透過集體在「感性焦點」的共同節奏中產生具體的「圖像」，舞蹈動作的能量與態勢有了「意動能」的催動，再藉由民族舞蹈最重要的呼吸形成其「韻」。筆者所提出的「圖像式呼吸」就是由此而來的，圖像式呼吸，可以依照舞者們與創作者共同交織的「感性焦點」的對話，所產生的心理「圖像」狀態，透過「圖像」所引導的不同質感，以呼吸控制身體的外形與舞動，使其內在與外在融合一致，產生「韻」。例如：「墨」的狀態，它是一種暈染的呼吸狀態，飽含水分的墨汁滴入宣紙上；或由物快速到進入水中後受到水的衝擊而產生的頓點，以及後續的緩衝，然後緩緩地擴散開來如漣漪的狀態，這樣的「圖像」就引導身體的呼吸會由快而突然頓點、速度變緩再向外擴散的身體感，使其身舞蹈蘊涵著質感，「透過呼吸，美學的內在身心可以到達表層身體的外在知覺，也能觸及隱性的深度身體」。[40]

---

39 黃榮，〈梅洛‧龐蒂的身體與繪畫藝術的表現性〉，《貴州民族學院學報》，1（2005）：127-130。

40 菲利普‧薩睿立（Philip Zarrilli）著，《身心合一：後史坦尼斯拉夫斯基的跨文化演技（Psychophysical Acting:An Intercultural Approach after Stanislavski）》。（馬英妮、林見朗、白斐嵐譯）（臺北，書林出版，2014.07），94。

　　筆者在 2003 年創作《香讚》[41]時，由祭拜時的點香情境中的燃煙裊裊，與煙絲飄逸狀態引起筆者直覺的「感性焦點」，看著飄逸的煙絲猶如一幻化仙女在空中舞蹈著，無特定的舞姿情態，隨著氣流、氣場而即興舞動。筆者思索著若能轉化成舞蹈一定相當美幻且有特色。這直覺的「感性焦點」在筆者的意識裡產生一股動態，不斷蘊涵養分，而後《香讚》作品即是聚焦在共同的焦點，以圖像式呼吸來引導身體舞動如煙飄逸質感。另外，在 2018 年創作的《唯醺》，創作之初在「意動能」探尋裡，尋找著一種「失衡狀態」。在一段頗長的時間裡探索著這「意動能」是對映著什麼樣態？筆者在飲酒至醺的情境裡，身體不受理性的控制，失了重心，唯恍唯惚舞蹈著。這樣的舞蹈狀態，鬆柔的體態透出女性身體之婀娜，此女性之姿又不同於理性控制下的身形，忽然感悟此唯醺狀態，正是筆者長時間探索的不可得狀態，內心的「感性焦點」產生了「醺」的圖像，並由此逐步發展出 2018 的創作作品《唯醺》。

> 　　關於意心象這一層次的意象，筆者認為由「圖像式呼吸」是可以較有效地來發展出相映此層次意象的形式與動作，不論是將意心象中的「圖像」轉化至形式符號，或是對於內在的「意動能」的掌握並使其相映於外在形式與動作的有效性也會較佳。意心象，屬於意象三層次中最為模糊、隱晦的層次，對

---

41 《香　讚》為 2003 年舞躍大地舞蹈比賽首獎作品。

　　　　於內在「意動能」的詮釋是處在一種模糊不清的狀
　　　　態，它屬於一個產生圖像的過程，因此，在意心象
　　　　的層次，是極為隱晦不明的，直至某物、某景、某
　　　　境對映上時，才會較明確地產生「圖像」概念，這
　　　　亦是筆者創作之初的狀態。[42]

　　創作之初「感性焦點」是模糊不明的，「意心象」指涉
創作者內心有一股無法言述、表達一種極為莫名的「感
悟」，這類感悟或許來自於長期民族舞蹈教學與創作的耕
耘，或許來自於長期對社會現象的反思積澱，或許來自於自
身對「美的感應」的積澱，或許來自於對當代舞蹈藝術環境
的不斷深究，或許來自於對現在年輕學子的身體能力與經驗
喜好的思考。生活中的環境、創作中的場域、劇場藝術的環
境等等，都是發生「感性焦點」的源地，「環境不再只是客
觀不變的現象，而是蘊藏無盡資源和可能的場所。同一環
境，具備了孕育不同情境和能供性的潛能，各類生物各取所
需，因而成就了多樣性的身體感。[43]例如筆者曾在淡水河畔
散步時，被路邊的廢棄老屋的磚牆所吸引，吸引之處在於磚
牆歷經歲月的摧殘、風化、剝落、破損的那些痕跡，相映於
筆者內心的「感悟」，使筆者促立於磚牆前許久，發現古舊
磚牆上的細縫長出了許多青色的嫩芽，這樣新舊交融的畫面
有著一種令人感嘆的「美」，筆者端視著古舊磚牆，一方面

---

42 蕭君玲，〈蕭君玲民族舞蹈創作實踐經驗的敘說 —— 對話中的意象〉，
　　《臺灣舞蹈研究》，13（2019）：1-28。
43 余舜德，《身體感的轉向》。臺北市，臺灣大學，2015，41。

感嘆那些歷史的痕跡，一方面欣賞著這長時間才繪製而成的一幅畫，一方面讚嘆新生命的韌勁在古舊磚牆上的青，多麼地「美」，這樣的「美」吸引著筆者，成為一個特殊的「感性焦點」。反思，這樣的「感性焦點」或許是筆者對傳統文化民族舞蹈的執著反映在古舊磚牆上，將民族舞蹈在當代的創作與發展比喻成古磚牆上的青芽，這些「感性焦點」都蘊涵在「意心象」的模糊意象中等待發芽。「或許情緒或情感始終就是不那麼精確的，或許我們向來就不容易察覺到，不過情緒或情感始終在那」。[44]

> 「身體感是身體做為經驗的主體以感知體內與體外世界的知覺項目，是人們於進行感知的行動中關注的焦點。經由這些焦點，我們展開探索這個世界的行動，做出判斷並啟動反應」。[45]人們於生長過程裡與文化環境長期的互動中養成分辨這些身體感項目的技巧與能力;人們也持續的感知探索、科技的發展與知識的累積中，養成或創造新的身體感項目，因而我們可說，身體感的項目來自於文化與歷史的過程。[46]

「感性焦點」在創作歷程中，不斷地改變創作者的身體感，因有了「感性焦點」其創作的身體感也會有所不同於

---

44 余舜德，《身體感的轉向》。臺北市，臺灣大學，2015，131。
45 余舜德，《身體感的轉向》。臺北市，臺灣大學，2015，12。
46 余舜德，《身體感的轉向》。臺北市，臺灣大學，2015，13。

以往，它決定了身體感的方向與內涵，並對以往創作實踐經驗的積澱，產生了質變的效應，例如上述古舊磚牆的例子，其青色嫩芽在細縫中的生命力，就會在創作歷程裡強化了堅韌的質感，在身韻中強化了力量並減緩了速度，感受嫩芽鑽攀古舊磚牆一般。「身體感既不等於純粹內在的情緒感受，也不等同於外在物理或社會文化脈絡運作的客觀身體，而是介於兩者之間的身體自體感受，伴隨著第一人稱身體運作的經驗而發生」。[47]這是生活經驗融入了創作經驗，進而質化了創作經驗裡的身體感，這樣的現象在筆者的創作實踐中是經常發生的，生活中的某些特定的經驗，常常成為創作的「感性焦點」，成為創作之初最隱晦不明的起點 ——「意心象」，「對意象展開精心營構，這是藝術創造成功的關鍵」。[48]「最重要的不是學習，而是經驗，是只有透過經驗、非得由經驗才能傳遞的東西，讓經驗成為創造的起點，而不是學習的門檻」。[49]對筆者而言，這是身體生活經驗、身體文化經驗、身體創作經驗的融合，這三種經驗中存在著太多不自覺的「感性焦點」，或自覺的「感性焦點」，彼此交織而混沌成為「身體感」。「創作的直覺來自於創作者經年累月的身體經驗與日常生活中的美學觀的積累。直覺當然受其創作者養成的美學觀的影響，此美學觀的養成促成了創作者

47 龔卓軍，《身體部署：梅洛・龐帝與現象學之後》。臺北市，心靈工坊文化，2006，70。
48 王炳社，《隱喻藝術思維研究》。中國社會科學出版社，2011，3。
49 尚路克 南希（Jean-Luc Nancy）、瑪蒂德・莫尼葉（Mathilde Monnier）著，《疊韻（Allitération）》（郭亮廷譯）（臺北：漫遊者文化，2014），62。

某種獨特的身體觀」。[50] 哪些美的事物、美的景色、美的態勢會成為創作者的「感性焦點」而進入意心象裡蘊育，端視創作者個人獨特的審美觀，例如廟宇中的香煙裊裊的狀態能成為「感性焦點」而轉化成民族舞蹈創作等等，這是由主體長期間浸潤於民族舞蹈的「韻」方能有所感矣！

> 身體感不僅對應著外在對象時產生的動覺、觸覺、痛覺等知覺活動經驗，也涉及了身體在運行這些知覺活動時從身體內部產生的自體知覺迴路；從時間的角度來說，「身體感」不僅來自過去經驗的積澱，它也帶領我們的感知運作，指向對於未來情境的投射、理解與行動。[51]

上述提及的長期浸潤於民族舞蹈的「韻」，這是筆者認為民族舞蹈創作重要的「身體感」的沃土與基石之一。民族舞蹈創作者將個人生命經驗的體驗、感悟、美學觀、藝術觀等透過轉化創作的作品，這是由個體生命意義融入民族舞蹈的創作，這樣的歷程在無形之中已經轉化了民族舞蹈傳統的語彙，而注入了當代的生命意義。「藝術創造的過程，也就是藝術家生命體驗與藝術意義建構的過程」，[52]民族舞蹈創作者對於來自歷史的、文化的、當代的「美」，必須使之相

---

50 蕭君玲，《變動中的傳承：民族舞蹈創作的文化性與當代性》。臺北，文史哲出版社，2013，50。

51 龔卓軍，《身體部署：梅洛·龐帝與現象學之後》。臺北市，心靈工坊文化，2006，70。

52 王炳社，《隱喻藝術思維研究》。中國社會科學出版社，2011，2。

互交融、對話，然後產生「感性焦點」，而後方能將之注入於創作歷程中，並使之產生意義。「人類對自己歷史、傳統的了解過程就是一種通過新的語言不斷進行對話的過程」。[53] 就筆者創作作品而言，2006 年創作的《倚羅吟》是源自於筆者與漢代畫像磚之間的「感性焦點」產生了對話，在對話之中文化的意義在溶解，並重新形塑，此時「意心象」已有了方向與脈絡，但仍處於不明模糊之狀。《倚羅吟》作品在文化意義的重新形塑，建構了女性爭寵、地位、起落的脈絡與意義，而後才逐漸形式化成舞蹈作品。「文化也不是詞的堆砌，而是指由詞所搭配成的意義統一體，亦即說話的意義。詞的意義在被說出的方式中開始顯露、散布和存在」。[54]《倚羅吟》作品是筆者與漢代畫像磚的對話所編創而成的作品，這之間的歷程有隱晦到初成的脈絡，就是「意心象」的狀態，在這個階段「感性焦點」在於女性、爭寵、地位、起落等等美的元素。《倚羅吟》的創作源於創作者與漢代畫像磚的對話，或許更源自於創作者身處在當代環境的一種感悟、反思、覺察。「藝術的載體，是對一個時代的覺察能力」。[55]對時代的覺察、對文化的感悟、對歷史的理解都可能成為民族舞蹈創作的「感性焦點」，這活在當下社會環境中的身體，敏銳地由日常生活中的種種狀態、感知、反映，

---

53 張能為，《理解的實踐：伽達默爾實踐哲學研究》。北京，人民出版社，2002，236。
54 張能為，《理解的實踐：伽達默爾實踐哲學研究》。北京，人民出版社，2002，236。
55 葉錦添，《神思陌路》。臺北，天下雜誌，2008，179。

或是人與人之間互動關係的複雜、交織、平衡等現象來探尋
創作的「感性焦點」,「於日常生活中人們更經由舒適、整
潔、便利、由威望展現/感受他人權力、或由『虛』感受內
在與外在的環境」,[56]一旦「感性焦點」確立,「身體感」就
會在「意心象」層次裡開始質化改變,為新的創作沃土所需
的養分,作為更具體化意象的蘊成。

第三節　不自覺的身體感

　　身體感是創作者在創作歷程中相當大的一個難題,不
同的舞者有著不同的「身體感」,如何引導、訓練舞者們產
生共同的身體感,使其作品的展現能趨向「和諧」的狀態。
在創作歷程中,舞者們面對許多新元素、新思維、新挑戰的
課題,其身體感的反映往往是有意識與無意識參雜交匯一起
的。「無意識是心理活動的基本動力。它是混亂的、盲目
的,但卻是廣闊有力、起決定性作用的」。[57]創作場域的實
踐過程中常會出現無意識反映,這些無意識反映有時是對創
作發展有著良好的助益,唯這些無意識的身體反映,往往舞
者自身並不自知,需要創作者細心觀察覺知,「一種感情在
找到它的表現形式─顏色、聲音、形狀、或某種兼而有之之

---

56 余舜德,《身體感的轉向》。臺北市,臺灣大學,2015,10。
57 朱立元,《當代西方文藝理論》。上海:華東師範大學出版社,2005,
　　61。

物─之前，是並不存在 的，或者說，它是不可感知的，也是沒有生氣的」。[58]創作歷程在「意心象」層次裡，多屬於隱晦不可感知的身體感狀態，但往往這些不可感知的身體狀態，會在創作歷程中的某個時刻呈顯而出，成為一種直覺的判斷。筆者曾在創作《唯醮》時，在某次的排練中，看完舞者們的排練之後，覺得舞者們跳得不整齊，但狀態很統一，這是《唯醮》所要的統而不一，舞者在集體身體感訓練中不自覺的統一了彼此的狀態，筆者並不是希望舞者外在形式的整齊一致與節奏一致，而是要求要在共同的狀態裡的一致性，舞者做到了筆者的要求，筆者在以往的創作手札中曾記錄著：

> 身為一個民族舞蹈創作者，總是不自覺的在現實環境中捕捉畫面，隨時處於一種敏銳的觀察狀態，而這狀態不全然是當代的感官知覺，更是當代性的身體養成與歷史文化交流的融合軌跡，是長期積澱的無意識或有意識，隱藏在身心裡最直覺的反應。[59]

不自覺的身體感，難在於要在不同舞蹈身體的狀態確認其質感與特色，還得讓這個「身體感」隱匿於身體姿態背後，當舞者們在同一狀態下舞蹈著，身體是處於一種自然不刻意狀態，舞者們完全浸潤於「身體感」之中而不自覺，此

---

58 葉 芝，《詩歌的象徵主義：西方現代文論選》。上海：上海譯文出版社，1983，55。
59 2014/09/24 蕭君玲創作手札記錄。

刻散發出的身體表現是自然的、自在的、不做作的。例如筆者在 2018 年創作的《唯醺》就要求著舞者們要達到身體感的一致性，而不是動作上的整齊而已。舞者們身體感的一致性在舞臺上演出時是一種身心聚集在某個焦點的狀態，以《唯醺》而言，則是聚集在「醺」的狀態、在控制與失控之間的狀態。舞者黃靖舒在演出後的心得分享：

> 《唯醺》虛實之間，失與控之間，身與心之間，在迷人的邊界來回晃蕩，有一點迷濛，有些醺，我也許很少因飲酒而醉，卻為作品而醉心，身陷於其中。從來不知道自己還可以跳民族。東方的韻，一直以來都很吸引我，在這解構東方元素再重新建構的過程中，幸運的掉進了這個過程，老師對於民族的解，對我來說都是構，即興身體動能的流轉，如何與民族碰撞出這樣獨有的狀態。它打開手迎接我，我打開心去經驗它，從沒有拘束的玩元素，到琢磨作品的狀態與民族之間的鏈結，進到心裡的感受彼此動力流轉的方向速度與呼吸，在空間中，在氛圍中，失與控。失控，是我的本性，控，是訓練。而失控之間就是挑戰，在鬆的狀態下，運著氣，找到與地板之間的關聯，紮根之後力量在關節中流轉，再拋出，又接住，身體裡的拉扯，旋轉，傳遞，如酒精發酵於細胞肌肉之間，意識似朦似清，視線投射的迷人與真誠，都在身體裡消化，丟出了自己，發酵後再吃進身體，就是更寬廣的自

> 己。享受於唯醺之際，讓我醉。給我限制，又讓我
> 自由，我有一部分就像這個作品一般，在獨與群之
> 間，來回拉扯，喜歡坦然自在的一個人，卻又渴望
> 在舞蹈裡找溫暖找依靠。唯醺，深刻的烙印在生命
> 裡。[60]

　　這位舞者是現代舞主修，當時因為看到她的身體相當
地自由不受限，正好可以符合《唯醺》失控之控的特質，因
此找了她來試試，她在《唯醺》作品中從自由到規範受制再
到自在享受，從上述她的演後心得看來，更證實了她在演出
時，已經完全在一種不受拘束的身體感狀態裡了。另一位舞
者嚴婕瑄也在演後有著深刻的反思：

> 近半年的過程跟隨著老師嘗試和尋找，一切從無到
> 有，過程中不斷地打破原有的框架，拋除掉原有的
> 慣性，讓身體回歸純粹，安靜地打開感官來察覺，
> 然後重新尋找動的方式，不斷反覆的感受和釐清，
> 隨時間隨當下長成它此刻的模樣。身為舞者，我學
> 習去聆聽老師的想法，嘗試揣摩作品中的心境、感
> 受身體真實的狀態，除了要求肢體的完美無窮無
> 盡，對我而言更難的是意識狀態的進入，活在作品
> 的當下是讓我最享受又最害怕的時刻，享受著沈浸
> 其中的恍惚狀態，真實地感覺到漂浮、忘我逍然，
> 雖然求失控卻又不能全然失控，必須保持著半點清

---

60 舞者黃靖舒在 2018 年 4 月 30 日於 FB 發表。

醒及穩定，我想這就是唯醺的迷人之處吧，看似危
險卻又不全然失控難以捉摸。學習察覺身體感受狀
態是我給自己的課題，再一次次的過程中找到詮釋
的方式。還記得排練後期你說的：「當下就是當你開
始感受到的時候，它就開始離你而去⋯⋯」讓我意
識到珍惜當下的每一刻，珍惜每一次醉心於唯醺的
當下！[61]

　　以舞醉人、以姿醉心，沒有酒精的醉，或許更醉人
吧！當我們一起提煉解構民族舞蹈的動能，我們早已趨向同
一的身體感。在醺的狀態裡，我們一起跨越了某些邊界，跨
越了某些限制，這是民族舞蹈藝術的虛幻空間，而不僅是一
種文化傳承與傳遞而已。「我們為何關心藝術？為了跨越我
們的邊界，超越我們的限制，填滿我們的空虛─實現我們自
己。這不是一種狀態，而是一種過程：在這個過程中，我們
裡面晦暗的部份會緩緩地變成光明剔透」。[62]《唯醺》這個
作品，可以說是填滿了空虛，實現了筆者長期對於民族舞蹈
創作的自己期許，這樣的期許來自於想要在民族舞蹈創作上
獲得程式性框架解脫。長期的自我期許，這樣的意念早已深
入骨髓，深深影響著筆者創作的思路、觀點。「舞蹈的媒介
就是舞蹈，它和身體、自我不可分，舞者是在尋找主體和舞

---

61 舞者嚴婕瑄在 2018 年 5 月 11 日於演後訪談。
62 葛羅托斯基（Grotowski）著，〈邁向貧窮劇場〉《戲劇學刊》（鍾
　　明德譯）臺北：國立臺北藝術大學戲劇學院，第 9 期，44。

蹈的協調，想要找到自我和運動之間的合一」。[63]「舞蹈和
舞蹈的身體不可分，但就是存在一道巨大的邊界，讓人在舞
蹈的『我』和舞蹈之間意識到不同」。[64]在創作歷程中，創
作者引領舞者們一起探尋主體與舞蹈的協調，讓主體與舞蹈
中的我合一共處而產生「身體感」，以此為基礎進行創作。
筆者在接受論文訪談並記錄於創作手札中時曾提及：

> 每當在蘊釀時期我的創作思維都會緩緩地滲入了不
> 自覺的身體感受裡，進而將文化的和當代的美學觀
> 混合在迷矇的意象中，它是既直覺又曖昧的，此意
> 象有著錯綜複雜的交織著，交織著傳統文化與當代
> 美學觀，交織著保守與創新，交織著自我的創作意
> 圖與他人的評價觀感。[65]

　　迷矇的意象，是「意心象」這一階段的主要狀態，它
是有「感」的狀態，卻又是那麼迷矇不易掌握的現象。在創
作《煙沒》初期時，僅僅是一種不是很明確地「感」存蘊在
身體裡，一種思緒不斷飛躍、擴散掉卻又捉不住的狀態。
「創作之初文化想像與生命感性的結合是隱晦的、隱約的、
隱喻性強的，但卻能有一股引導創作者朝向某個不明確的方

---

63 尚路克・南希（Jean-Luc Nancy）、瑪蒂德・莫尼葉（Mathilde Monnier）著，《疊韻（Alliteration）》（郭亮廷譯）（臺北:漫遊者文化，2014），41。

64 尚路克・南希（Jean-Luc Nancy）、瑪蒂德・莫尼葉（Mathilde Monnier）著，《疊韻（Alliteration）》（郭亮廷譯）（臺北:漫遊者文化，2014），42。

65 2014蕭君玲創作手札記錄。

向前進」。[66]所以，筆者在創作時喜歡用隱喻的方式來引導
舞者們產生「身體感」，但在具體的隱喻方式形成之前，筆
者往往會不斷地懷疑自我，因為無法確定那個存在的又強烈
的身體感是什麼，僅能細微地受到此「感」而有所震動。
「藝術創造正是藝術家對自己的觀念不斷修正甚至否定的過
程」。[67]在「意心象」層次裡的狀態是迷矇的、隱晦的、內
深的，無法具體化、言語化的狀態，「藝術創造過程中藝術
家的主體意向是十分朦朧的。由於這種朦朧的主體意向性是
內在的，不確定的」。[68]舞者們必須與創作者共同工作、試
練、對話才能逐步形式化、具體化這一不確定性的意象，所
以舞者們必須運用過往的身體經驗，又必須適度的捨離過往
的身體經驗，在身體經驗中釋放一定的空間，給予創作者注
入這迷矇的、隱晦的、內深的身體感，如此，舞者們將在新
舊的身體經驗裡，逐步與創作者產生相似性的身體感。「舞
者是要能在經驗中體會(而不只是在知識上的理解)：用舞者
的雙腳去經驗腳下的土地，用他的全身去擁抱這種經驗，對
於運動方式的學習和體悟，這是一條必經的途徑」。[69]

　　筆者在 2016 編創《煙沒》時，觀察信仰場域中的點香
祈福的現象，發現煙絲的飄動似乎可以用來象徵每天腦海中

---

66 鄭仕一，〈再建構的創作憶痕 ── 胡民山、蕭君玲之民族舞蹈創作歷程
　　分析〉（臺灣師範大學體育學系博士論文，2014），43。
67 王炳社，《隱喻藝術思維研究》。中國社會科學出版社，2011，72。
68 王炳社，《隱喻藝術思維研究》。中國社會科學出版社，2011，72。
69 尚路克 南希（Jean-Luc Nancy）、瑪蒂德‧莫尼葉（Mathilde
　　Monnier）著，《疊韻（Alliteration）》（郭亮廷譯）（臺北:漫遊者
　　文化，2014），29。

的千思萬縷的念想。於是乎，筆者要求舞者們回家點香，並
觀察煙絲的飄動，透過自己的身體感來舞動煙絲的狀態，之
後再回到創作場域中來對話。由於每個人的身體感來自於不
同的個體經驗的厚度，觀察點香祈福的現象又與社會文化經
驗有關，各個舞者所反映出的身體感狀態又有其差異化存
在，這煙絲狀態的觀察反映在舞者們的舞姿狀態裡，其中蘊
涵著相當內隱性的體認、感悟，是個體經驗與社會文化經驗
的連結。

> 個人的身體文化經驗的集結就不會是脫離社會民族
> 而單獨的存在但又保有其獨特性的集結。這樣地集
> 結通過活動的不斷反覆與時間的積澱，深化於個人
> 與社會的內在基層而成為一種「隱」的存在，這一
> 存在成為不易覺察的內在因子，在人們日常生活中
> 起著細膩的影響，人們常不自覺地對自覺感知的外
> 在訊息作出反應，這是深化且隱藏於深層內在的
> 「意象」。[70]

　　「意心象」正是一種隱匿於深層內在的意象，就民族
舞蹈創作而言，需要經過藝術符號來將之轉化，方能逐步形
成舞蹈作品，這一層次的轉化是相當不易的，卻也是相當重
要的，因為這不自覺的身體感，具有其意向性與脈絡性，正
是最終成為作品意義的源流。所以，是否能有效地、成功地

---

70 鄭仕一、蕭君玲，《身體技能實踐的反映與轉化》。臺北，文史哲出版
　　社，2013，266。

轉化「意心象」中這不自覺的身體感，是在創作初期很重要的關鍵。上述例子《煙沒》在創作時，為了透過煙絲飄動來展現千思萬縷的念想，或是被壓抑的念想，筆者用手掌置放在香爐上，向上飄動的煙絲開始受阻積聚，然後向下沉再向外擴展，煙絲也變得較為濃郁、沉緩、深厚的感覺。當下筆者忽有感悟：人們平時的念想萬千，卻蘊涵著壓抑性的存在，於是乎，在壓抑性下的念想也出現不同的曲徑、不同的厚度、不同的擴散，這令筆者有著相當的感悟，這壓抑下的煙絲狀態，妙不可言！此時，筆者不自覺的身體感已然受到轉化而質變了，對後續創作也會有相當的影響。

　　就筆者的民族舞蹈創作經驗而言，必須將自己藝術思維場域裡的身體感，透過形式來反映其內涵所蘊藏的方向性與脈絡性，更重要的在於引發舞者們有著相同方向性與脈絡性，如此一來創作者與舞者們將會具有較相近、較相似的「身體感」。在創作場域裡，將能有著共同的反映內涵，技與藝能融合一體，不致於有假裝性的表演現象發生，此亦為筆者長期創作以來相當堅持的原則。「反映使其身遊於技、心遊於藝，也就是身體技能、動作、姿態是自由地運行著，心靈思維則遊戲於獨特的技藝感知之中，這二者相互增補著，互為影響著」。[71]筆者 2019 年在為臺北市立大學碩士班創作組編創《夢蝶》時，這個作品的身體感在筆者內心已然蘊藏了 6-7 年之久，它來自於莊周夢蝶的典故，筆者欲表現

---

71 鄭仕一、蕭君玲，《身體技能實踐的反映與轉化》。臺北，文史哲出版社，2013，21。

那種似我非我、似蝶非蝶、似自在非自在、似夢境非夢境的
狀態,但因其太為困難轉化,所以一直無法將其反映在某些
藝術符號上,在「意心象」中那個不自覺的身體感要反映在
形式上就耗費了好多心力、時間,始終無法有良好的契合
度。這過程並不是一種理性的分析,由是一種感性的身體感
擴散、感應的過程,但直至有所感悟之前都常常是徒勞無功
的。「審美感悟不是思辨的推理認知,而是個體的直覺體
驗」,[72]筆者在創作《夢蝶》初期,屬於相當混沌的狀態,
很長一段時間無法有與之相映的藝術符號(包含音樂、服
裝、道具、妝容、姿態等等),雖然如此,在內心深處卻又
有著那股已蘊藏 6-7 年的強烈身體感不斷溢流而出。

　　因應著這股不斷溢流而出的身體感,《夢蝶》在創作初
前是需要大量的創造性想像來呼應內在那股身體感的溢流,
從不自覺的身體感逐漸明確化到感受對應到,這一階段想像
力起著極大的作用,「創造性想像則是藝術創作過程中的想
像,它是脫離開眼前的事物,在內在情感的驅動下對回憶起
的種種形象進行徹底改造的想像」,[73]筆者在接受論文訪談
並記錄於創作手札中時曾提及:

> 每當我在進行創作時,總會在自己的內心裡不斷地
> 構思各種藝術想像,然後再回到現實面看看能否可
> 行?這樣內在的藝術想像裏,我感覺到畫面、形式

---

72 劉　方,《中國美學的基本精神及其現代意義》。巴蜀書社出版,
　　2003,254-255。
73 滕守堯,《審美心理描述》。四川,人民出版社,1998,58。

以及對話。如何將這些「內隱視域」裡，蘊釀很久
的作品想像與構築，有效地傳達給舞者，關於此，
我始終感到很焦慮！……我在創作時的「內隱視
域」充滿了各種情境的意象，至於是否能真正實踐
於創作作品裡，這都是在面對舞者開始進行編創工
作時才能在現場域裡得到答案的，這也是在編創前
的緊張與焦慮的原因之一。[74]

　　創作初期的焦慮，也是一種不自覺的身體感，當然這
亦影響著創作的進行，反觀之，創作初期的焦慮正也是後續
有所感悟時的前題養分，或許沒有這樣的焦慮感，也就沒有
後續感悟後的體悟。焦慮，是在創作歷程中必然會發生的，
2019 年筆者創作《夢蝶》更是在兼任行政職的雙重壓力下
創作，其焦慮感更加雙重，內在的痛苦感不斷湧出，想要逃
離至夢境裡的人與我不分、人與物不分的自在。所以在創作
初期，得與焦慮的身體感共處，它常常是在創作者用心聚焦
在某個想像的歷程中伴隨而生，卻也往往不自覺，都是在某
個想像完成後或放棄後才自覺有著很重的焦慮感的存在。

　　　霍里斯・休士頓（Huston 1995：131）闡釋道：唯
　　有你能為你清晰思考，唯有你讓這個世界的一部分
　　有意義，也唯有你能讓某個當下的記憶留存，這些
　　想法並不會使你寬慰，卻能使你自由。無論是藝術
　　或思想，都不是為了讓人寬慰、舒泰的，而我就是

---

74 2014 蕭君玲創作手札記錄。

來讓你感到緊張，只有在我們進入焦慮且清楚為何
而焦慮時，才有機會進入創造作品的歷程。[75]

　　「『想像』是一種身心全然參與的身心合一行動」，[76]在
意心象層次裡，想像力飛躍，想像空間無所侷限，目的在於
將內心深處的身體感反映而出。2019 年編創《夢蝶》這一
似是而非的哲學內涵，焦慮感有著前所未有的沉重！「夢」
在何處可以被反映出？或許創作者得先將自我置於「空境」
之處？置於「空境」，或許更能符合源自於莊周夢蝶的哲
思，似我非我、似蝶非蝶、似自在非自在、似夢境非夢境的
《夢蝶》狀態。「『心眼』發揮著極高的創造性，融合著創作
者的感動及『美的感應』與長期積澱而來的身體實踐經
驗」。[77]創作者將自我置於「空境」，或許能進入更深邃的內
隱視域[78]裡，以內在的心眼探尋那不自覺的身體感狀態。
「內在之眼的開啟，集中注意力的呼吸練習可以逐漸改變一

75 菲利普‧薩睿立（Philip Zarrilli）著，《身心合一：後史坦尼斯拉
　　（Psychophysical Acting:An Intercultural Approach 夫斯基的跨文化
　　演技 after Stanislavski)》。（馬英妮、林見朗、白斐嵐譯）（臺北，
　　書林出版，2014.07），18。
76 菲利普‧薩睿立（Philip Zarrilli）著，《身心合一：後史坦尼斯拉夫斯
　　基的跨文化演技（Psychophysical Acting:An Intercultural Approach
　　after Stanislavski)》。（馬英妮、林見朗、白斐嵐譯）（臺北，書林出
　　版，2014.07），70。
77 鄭仕一，〈再建構的創作憶痕 ── 胡民山、蕭君玲之民族舞蹈創作歷程
　　分析〉（臺灣師範大學體育學系博士論文，2014），247。
78 一種內在的心眼，是想像力的視覺，是想像力看見的場域。

個人的覺察」，[79]內在的心眼能探觸極為深邃的意識狀態，那種不易言述的狀態。

> 在民族舞蹈編創的過程中，常感於某些思維是極深邃，如此的感知想要傳達是很困難的，它或許只可意會，不能言傳。這牽涉到某些較個人內在深層經驗，很難用最適當的語言來形容及描述，而且只要一說出來，一被表達出來，就會被所使用的話語的局限性所限制住。[80]

運用想像力來創造藝術符號以反映出深邃地身體感的內涵，將「意心象」的隱晦、模糊更加具體化、符號化。因此，在深邃地且不自覺的身體感與具體可感的「物」上進行聯結，使其轉化至具體的「物」上，創造出專屬於這個作品的藝術符號，令他者得以產生知覺與想像。「知覺和想像都以聯想為基礎，無論是創造或是欣賞，知覺與想像都必須活動」。[81]「意象的非完整性，是一切心理意象所特有的」，[82]

---

79 菲利普・薩睿立（Philip Zarrilli）著，《身心合一：後史坦尼斯拉夫斯基的跨文化演技（Psychophysical Acting:An Intercultural Approach after Stanislavski）》。（馬英妮、林見朗、白斐嵐譯）（臺北，書林出版，2014.07），95。

80 蕭君玲，《變動中的傳承：民族舞蹈創作的文化性與當代性》。臺北，文史哲出版社，2013，77。

81 朱光潛，《美感與聯想：朱光潛美學文學論文選集》。湖南人民出版社，1980，128。

82 魯道夫・阿恩海姆（Rudolf Arnheim）著，《視覺思維（Visual Thinking）》（滕守堯譯）（四川：四川人民出版社，1998），136。

在不自覺的身體感裡運作著想像力，交織著許許多多似乎可見又不可見的藝術符號，「知覺把事物呈現給我們，而被呈現的事物總是由顯現與不顯現混合的方式給出」。[83]透過現象學還原與懸置，將自我經驗懸置到一個境地。創作者將自身置於「空境」，亦是一種現象學的懸置自我經驗，想像空間自在無礙，但也因此想像線索多元多樣，這樣的想像力運作在創作初期是必須的。創作者將自身置於「空境」，使其藝術想像留有迴盪的空間，舞蹈家胡民山曾提到相關的觀點：

　　迴盪的空間

　　藝術形式的內部，在一張一合、一推一挽，來回的沖刷之中構成了有節奏的空間。中國的書法、舞蹈、繪畫、園林等，都講究著空間的藝術，都喜好迴盪的空間運用。有如：

　　1.霧裡看花

　　是中國美學的一種境地，它構成了中國含蓄美學的一種表現形式。曲徑通幽，通過婉轉委曲的傳達，其中有複雜、有流暢的美感。　霧斂寒江，在內面激起了張力。

　　2.雲山墨戲

83　羅伯・索科羅斯基（Robert Sokolowski）著，《現象學十四講（Introduction to Phenomenology）》。（李維倫譯）　臺北：心靈工坊，2005），104。

　　董其昌說：二米的雲山墨戲做的是一種宇宙的遊
戲，使人看到宇宙初開之象。在朦朧、恍惚地傳達
中看出鴻蒙的意味。[84]

為得就是將模糊的「意心象」推入下一個較明確的層次-
「意物象」迴盪的空間裡流轉著各式各樣源流於「意心象」
的身體感，身體感在此空間裡不自覺的飛騰，激發出不同樣
態的想像力，一旦想像力在此空間對映上某種具有形式化邏
輯的符號時，創作脈絡裡的「意心象」就將轉化至較為具體
形式上的「意物象」層次，其不自覺的身體感亦成為一種可
感的出場，並與「物」融合相映而成該作品獨具的藝術符
號。例如筆者編創《煙沒》：無形的煙絲飄逸飛舞之美轉化
至有形的長巾，長巾舞動成了飄逸飛舞的「煙」之狀態，其
源於「意心象」之美，轉化至「意物象」之形。

---

84 訪談舞蹈家胡民山及其手稿，2019/03/13。

第三章　意 物 象 ──

「創作的盲區」

　　由意心象到意物象的過程，創作者在創作歷程中以模糊、曖昧的意象轉而尋求「物」的相映過程中，個體的存在與思維總有盲區存在，此時創作者的盲區需由他者的視角來向創作者展示，使創作者盲區裡能在他者的視域中被呈現出來。巴赫丁的理論裡談到「美的本質」的定義，認為不同生命的個體必須透過他者與自我的相互補充，不斷地對話、交流與溝通來超越自我、創造價值。

> 　　審美活動中的主體間關係有三個要素。第一是「視域剩餘」，這是指每個個體存在，每個自我，看自己之時總有盲區，但自我的盲區（如臉孔和背面）都可以被他者所看見。這種個體視域的獨特、不可替代和互相補充，即為每個人擁有的「視域剩餘」。第二個要素是「外在性」。由於每個個人對他者的視域剩餘，使自我相對他者而言，具有時間和空間上的外在性。作者靠這種外在而創造出他的主角，從而也實現了他自我的完整的主體性。對於他（作者）

的自我，他必須成為一個他者，必須通過他者的眼
睛來觀察自己。第三個要素是「超在性」，這個是指
美學上的最高理想，即主體的兩個方面或兩個主體
之間（自我與他者，作者與主角，這兩者在巴赫汀
看來有相同的含義）互相對話、溝通，從而全面、
整體地把握自己，超越自己。[1]

在創作歷程中創作者的盲區顯現需由他者的視角來向
創作者展示，在不斷的對話中使創作者盲區裡的元素能在他
者的視角中被呈現出來，進行互補，此雙向溝通開啟了更廣
闊的視角，成為創作中的轉變與契機。

「意象」作為一種審美意識，是人們對審美對象的
一種動能反應，但「意象」賴以存在的要素是「物
象」，因此，在「意象」與「物象」的構成層次上，
如何處理「物我冥合」、「心物感應」是「心意」與
「物象」妙合的關鍵。所以從其淵源來說，「意象」
的內涵與「物化」理論有其內在的關連性。[2]

創作進入了意物象層次，就不是單純地自我想像力的
發揮而已，舞蹈創作中實際運用的「物」，與之互動的其他
「人」，都做為「他者」在創作歷程中出場。

---

1 劉　康，《對話的喧聲：巴赫汀文化理論評述（Bakhtin's Dialogism
　and Cultural Theory）》。臺北，麥田出版，2010.10，23。
2 胡雪岡，《意象範疇的流變》。南昌市：光華印刷廠，2002，219。

> 意物象，以形式為主，聯結到具體的物品、道具、
> 服裝、舞台設計，用以創造符合作品意義的氛圍，
> 「物」或「他者」為「身體氣韻」的延伸，延伸出
> 更長的線、更廣的面。舞者以自身身體為主，在舞
> 蹈中與物品或他者的身體互動，此時就進入到「意
> 物象」層次，舞者自身的氣韻必須與「物」或「他
> 者」產生互動，或延伸、或拉扯、或推移、或倚
> 靠、或轉動之。3

創作進入了「意物象」層次，就必須與「物」（眾位他
者）互映、互滲、互感，所以在這樣的交織關係裡，在創作
歷程中的對話，不僅是語言符號的對話，也包括了表情、語
氣、肢體動作等等的綜合性表態。一但我們對他者釋出了綜
合性表態的訊息，他者就會有所反應反饋回來，藉助這些反
饋，我們得以探知原本意象裡未探知的部分。在創作歷程
中，在每一次的排練場域裡，創作盲區會透過他者不一樣的
身體狀態向創作者顯現，這是藉由他者的增補，使得創作盲
區中的契機得以被顯現，進而滋養了作品的形式與意涵。在
創作歷程中，我們必須藉由不斷地對話，反反覆覆地確認創
作的方向、形式、內涵等等，以尋求探索盲區的未知，創作
盲區的探索，得在他者（舞者）的反饋下，才能增補了創作
者的視域，看見盲區裡的契機。然而，盲區的存在可能是阻

---

3 蕭君玲，〈蕭君玲民族舞蹈創作實踐經驗的敘說──對話中的意象〉，
　《臺灣舞蹈研究》，13（2019）：1-28。

礙創作的發展，亦可能是創作的新契機，這得視其創作歷程
中的交織關係是如何形成與變化的。因此創作者必須得要很
敏銳地覺察每一舞者的身體反映狀態，並從中發現新的視
角。筆者在接受論文訪談時並記錄於創作手札中曾提及：

> 在排練過程中往往會充滿著舞者的身體與身體之間
> 慣性的衝突，一種主體與主體之間的的撞擊與磨
> 擦，但這正是我想要從中發現的看不見的盲域，這
> 個盲區裡有著許多我未曾發現的「身體互動的美」。[4]

　　創作歷程到了「意物象」的層次裡，透過彼此身體或
與物（道具）的觸動來探索創作的盲區。「聽勁式觸動」是
一種創作時的身體對話，相互覺察傾聽彼此，不論舞者的互
動或是與道具服裝的對話，都能成為自身及他者的新契機。
創作的盲區有很大一部分來自於創作者自身的慣性，慣性容
易讓人產生依賴，輕易地選擇那些熟悉的視角來運作。舞者
們在創作場域與創作者在創作的場域的互動，會創造出「多
重立場」與「融合意義」，每個舞者的身體感各有不同，對
創作者提出的創作立場各有解釋的內涵，意義自然也有所不
同，在創作歷程裡所創造出的「多重立場」正好可以提供給
創作者增補創作盲區的視角，舞者們的多重立場的意義，也
會在創作歷程中逐漸融合。「一旦有人試著提出任何解釋，
不同層次的意義便會彼此相連，產生多重意義」。[5]「一個事

---

4 2014 蕭君玲創作手札記錄。
5 菲利普・薩睿立（Philip Zarrilli）著，《身心合一：後史坦尼斯拉夫斯

物的多重呈現是有無限可能性的，它隨著時間的流轉，空間的位移，在場的人、事、物的不同有變化著各式各樣的多重呈現」，[6]因此在創作場域中的多重立場是必然的現象，至於多重立場所造成的多重意義是否能融合，就端視創作者與舞者們在創作場域中的對話情形了。「這些不同的視角創作的切入點，所形塑作品的『意象空間』是不同的，但都是可以同時存在的不同觀點與多重性意義」。[7]

> 創作時身體「感應」所形塑的意象空間，開展文化深度與廣度的探尋，在回歸根源中思索，進而感受文化與自我的深層連繫，提出浸潤後的體悟，讓民族舞蹈創作同時存在著不同觀點的多重意義。[8]

創作的盲區在創作場域中的多重立場獲得了增補的視角，為創作提供了更豐沃的養分與空間。「在創作作品時不論傳統元素保留的多寡，作品都不是複製而成的，都是被構成的，都是在當時的『現象場』裡被構成的新意義。這一構

基的跨文化演技（Psychophysical Acting:An Intercultural Approach after Stanislavski）》。（馬英妮、林見朗、白斐嵐譯）（臺北：書林出版，2014.07），216。

6 鄭仕一、蕭君玲，〈臺灣傳統舞蹈文文化之身體漾態的現象學分析〉，《大專體育》，80（2005）:94100。

7 蕭君玲，《變動中的傳承：民族舞蹈創作的文化性與當代性》。臺北，文史哲出版社，2013，160。

8 2015/05/10，蕭君玲《蔓生枯影》展演後之文字心得，臺北。

成的過程，當然亦如前述存在著多重的變異狀態，因為它是『活』的」！[9]筆者曾在創作手札中記錄著：

> 「聽勁式觸動」：破「形」存「影」，這是發展「聽勁式觸動」的舞蹈創作的核心思維，要想「破」，是故「破形」，想要「根」，是故「存影」。「聽勁式觸動」使創作產生了許多由民族舞蹈的身體「韻味」，而形成的互動「美」，民族舞蹈在筆者的作品裡發展了許多新的形式。[10]

> 「聽勁式觸動」，拉推、順勢，借力找到最省力的方式做最自然且最極限的發生可能性，感受到真實能量的竄流。到了「意物象」的層次，則開始思索運用哪些技法、佈景、燈光、道具才能彰顯意心象的感知，這階段就有了較明確的「物」或「他者」的對象。[11]

　　運用「聽勁式觸動」的創作模式，使得筆者與舞者們的多重立場的交織，構成作品的意義架構，在此歷程中，原來不清楚、不明確的「意心象」則逐步轉化至較具體，且反映在某些物件上的「意物象」階段。「意物象的層次裡，舞者們以被積澱已久的文化性身體，開始發展與物或他者的觸

9　蕭君玲，《變動中的傳承：民族舞蹈創作的文化性與當代性》。臺北，文史哲出版社，2013，162。
10　2014 蕭君玲創作手札記錄。
11　蕭君玲，〈蕭君玲民族舞蹈創作實踐經驗的敘說 ── 對話中的意象〉，《臺灣舞蹈研究》，13（2019）：1-28。

動，進行身體感對話歷程，由此發展出創作作品中的雙人、
三人或四人的舞蹈形式」，[12]進入到「意物象」後，將更為
具體化、形式化、意義化，創作者在此層次的創作構思將更
為明確。創作者與「物」的對話源自於「意心象」層次，有
如一無形的能量對應上了契合之「物」，它使「物」意義化
的「活」了起來！「藝術不僅是將心中思想與感觸表現為別
人可了解的記號和圖象，它具有溝通的作用」，[13]創作者與
「物」對話，進一步引導舞者們與「物」對話，將內在的意
象投射至「物」，使其蘊涵意義與情感的傳遞。「民族舞蹈創
作的傳統與創新在這時代不斷提出對話，這些各階段不同意
義的駐足，對民族舞蹈發展的觀點與反思進行不斷的覺
醒」。[14]

> 「聽勁」才能「意物象」，「聽」到他者身體的
> 「勁」，才能與之互動共感，互為主體地存在這個
> 「聽勁」的身體共感裡。舞者們的身體共感是透過
> 「聽勁式觸動」而逐步發展而成，在身體共感裡，
> 溶解了原來自我身體裡的主體性與慣性，融入了彼
> 此所聽勁觸動而織韻的身體共感裡，這樣的共感在
> 創作場裡是處於變動的狀態，舞者們的身體感必須

---

12 蕭君玲，〈蕭君玲民族舞蹈創作實踐經驗的敘說 ── 對話中的意象〉，
　《臺灣舞蹈研究》，13（2019）：128。
13 艾德蒙‧伯克‧費德曼（Edmund Burke Feldman），《藝術的創意與意
　象》（何政廣編譯）（臺北：藝術家出版社，2011），10。
14 蕭君玲，《變動中的傳承：民族舞蹈創作的文化性與當代性》。臺北，
　文史哲出版社，2013，34。

持續且不斷地對話，直到發展出一種平衡的身體共
感。[15]

在「意物象」的層次裡，經由身體與「物」或「他
者」[16]的對話過程，新的空間感會不斷產生，在創作
場域裡，「身體感對話」持續進行，身體與「物」或
「他者」的互動亦持續變動著，舞者們在「聽勁式
觸動」的過程裡，不斷以自我身體理解「物」或
「他者」在作品裡的意義與價值，亦不斷地溶解自
我理解的盲點，透過「聽勁式觸動」去「聽」他者
的身體溫度、力度、軟度的狀態，並與之順應、拉
拔、共融。創作者與舞者們在「身體感對話」裡
「聽勁」並「觸動」彼此的身體意向性，順應他者
或改變他者，相互融入，在身體的「互動、互靠、
互拉、互傾、互推、互韻、互映」之中，共織出相
映於作品意義的「身體共感」。[17]

基於上述，本章以「意物象」為主，探究創作盲區的
現象，「意物象」的對象是「物」所引發的創作構思及身體
反映，同時創作盲區的探索本質上會解構了原有創作的結
構，重新建構之，因此本章接下來將以「創作者的構思」、

---

15 蕭君玲，〈蕭君玲民族舞蹈創作實踐經驗的敘說 —— 對話中的意象〉，
《臺灣舞蹈研究》，13（2019）：1-28。
16 物或他者在本文後續討論中將以「眾位他者」一詞來概括其意涵。
17 蕭君玲，〈蕭君玲民族舞蹈創作實踐經驗的敘說 —— 對話中的意象〉，
《臺灣舞蹈研究》，13（2019）：1-28。

「創作中的身體反映」、「解構－建構－再解構」分三節來深入探究之。

第一節 創作者的構思

在「意心象」層次蘊涵著厚實的身體感，推入到「意物象」層次，創作者對於創作的構思則必須有具體化的反映之物，例如 2015 年創作的《蔓生‧枯影》在某個時刻覺察竹林中被遺棄的枯竹，筆者對此枯竹的形像、狀態有了強烈的感悟與反映，於是，此創作歷程就進入了「意物象」的層次，創作者也因此有了具體之物可以開始進行創作的構思。這一枯竹在不經意的情形下映入視覺，頓時間的感悟與反映，引流出了原本存留於意識深邃處的身體感。「意物象」因為某物以他者的身分出場，增補了不自覺身體感的出場媒介，因此而使創作進入了具體化、形式化、意義化的歷程。

> 在舞蹈編創的過程中，直觀式的感悟引領著創作者的創作思維，直觀式的感悟來自於創作者內心深處那個隱晦不明的意識，這意識得由眾多的「他者」在不同的時空輪流地出場，增補這隱晦不明的意識所帶來的空白之處，創作的過程猶如不斷地增補、更換、刻劃。直至創作者內心那個隱晦不明的意識

轉化為明確的「意象」時。[18]

創作者對於創作作品中的「物」，通常有著直觀式的感悟，它不是毫無緣故地出場，而是被「意心象」層次的身體感所映照出場的。「意物象」層次裡的意象更為明確，可以用來引導舞者們進入創作者的身體感，設法與之共感。

「意物象」，首先使創作者的身體感幅射地轉化至任何相映的「物」，再引導舞者們進行相同的相映，相映於任何與作品相關的聯結，「物象，則聯結到身體、動作、造型、道具、布景、服裝、舞台設計，較具體的感官形式的呈現，用以呈現及創造符合作品意義的氛圍」，[19]同時也包括身體感對作品音樂的感悟、反映與融合。對於創作中所關聯的「物」，最重要的莫過於舞者們使用的「道具」，例如筆者的作品：《落花》作品中的紗、《流梭》作品中的蘆葦、《煙沒》作品中使用的長巾、《蔓生・枯影》作品中使用的枯竹、《唯醺》作品中的服裝、《殘月・長嘯》作品中的長水袖。筆者與舞者們如何與「物」對話，透過身體的觸感對話、透過身體技法來對話、透過「物」包括道具服裝的重量、質感來對話、透過作品的意義來對話。這樣的對話，

18 鄭仕一、蕭君玲，《身體技能實踐的反映與轉化》。臺北，文史哲出版社，2013，204-205。
19 蕭君玲，《變動中的傳承：民族舞蹈創作的文化性與當代性》。臺北，文史哲出版社，2013，34。

「從而激發心靈深處的回應，分解形式走向另一個航道，並與過去的經驗決裂」。[20]

　　創作歷程中始終處在未知下一步的狀態，舞者們的身體狀態、身體與「物」的聯結狀態、創作脈絡的流向等等，這一未知感始終籠罩在創作歷程中。「陌路(unbeing)就是未知，這包含著一種後人文主義精神的想像」。[21] 創作者的構思在「意物象」層次裡因「物」的出場有了較具體化的意象內涵，唯「作品在創作的過程中具有不確定性及無目的性」，[22]「物」的出場雖然更具體化了意象內涵，但卻也帶著許多的新問題一起出場，創作者與舞者們得在創作場域裡不斷進行對話，試圖從這些新問題中探索新契機，更開展創作的視角，減少創作盲區。創作歷程中其盲區的存在是必然的，這也是不確定的未知存在之處，未得見的發展脈絡即是盲區的一種展現，它內隱地藏於創作者、舞者們的身體感中，藏於「物」的特質之中，藏於創作者、舞者們、物三者的互動關係之中，這盲區得由這三者在創作場域中的對話來探索之。對話則會產生各式各樣未預期的情、景、態，對話交織出「情」，在「情」中共感；對話交織出「景」，在「景」中引發再次的想像；對話交織出「態」，舞者的身體態勢窺探創作的脈絡。「實際上是藝術家在進行藝術創作的時候的一種＂意象＂，是一種觸情之景，這其中之＂意＂，

20 葉錦添，《神思陌路》。臺北，天下雜誌，2008，33。
21 葉錦添，《神思陌路》。臺北，天下雜誌，2008，171。
22 蕭君玲，《變動中的傳承：民族舞蹈創作的文化性與當代性》。臺北，文史哲出版社，2013，29。

正是藝術家"隱"之所在」，[23]盲區的探索，可以窺得身體感的內隱狀態，以及身體感與「物」如何進行反映。「從創作者的創作歷程看來，似乎有預期的進行不確定的編創，這似乎也是一種『美的追尋與挑戰』」！[24]

創作者構思涉及了「諸如：藝術家的心理、哲學家與鑑賞家的感應、同時代的人對於藝術的看法、藝術家所處時代的社會結構及當時一般的審美趣味等等」，[25]當然地，上述這些心理、感應、看法、社會結構、審美趣味同時也造就了創作的盲區。創作者在創作時得思索當下這群舞者們的心理、感應、看法、社會結構、審美趣味等，這彼此間在創作者的內心形成一股力道，創作的盲區亦隨著拉扯而不斷在位移改變著，筆者認為這是創作者與眾位他者的互引互動。各方的影響創造出不同的盲區的狀態。有趣的是，「藝術乃是用來傳達價值的語言⋯⋯科學家志在發現定律，而藝術家旨在追求價值」。[26]不僅各個領域對於藝術的看法不同，更遑論對於「民族舞蹈創作」的觀點與價值判斷的差異。

創作者的構思是一種藝術思維、藝術想像，它長久存於創作者意識中，這似乎無法以科學來邏輯化地解釋，它的主導力量仍在於感性的想像力、美感的經驗、隱喻的象徵。杜威指出：

---

23 王炳社，《隱喻藝術思維研究》。中國社會科學出版社，2011，56。

24 鄭仕一，〈再建構的創作憶痕 —— 胡民山、蕭君玲之民族舞蹈創作歷程分析〉（臺灣師範大學體育學系博士論文，2014），325。

25 劉文潭，《藝術品味》。臺北，臺灣商務出版，2009.03，305。

26 劉文潭，《藝術品味》。臺北，臺灣商務出版，2009.03，309-310。

就事實上看出，一般認為美感富於想像的見解並沒有錯，只是好些人由於未能充分認清想像的本質，以致於忽略了屬於意識的經驗，都必然帶有某種程度的想像這個事實。[27]

它不僅出於想像，而且它的產生之作用依然屬於想像而不歸於現實。我們都已經知道，照杜威看來，藝術所發生的作用乃是把一種直接的經驗加以濃縮和擴充，美感經驗之成了形的質料，直接地把由想像所喚起的意義加以表現。　被想像所喚起以及整合的意義，乃是具體表現在存於此時此地之與自我發生相互關係的事物之中的。[28]

　　創作者充滿藝術想像力的創作構思，藉由此隱喻化來充分將藝術想像的內涵滲入作品的「物」裡，以「物」表「情」。民族舞蹈創作的構思，對於「物」，以道具水袖或巾為例，得先判斷其質料的特性，是否能與藝術想像的構思相映襯托，是否能將藝術想像的構思內涵滲入「物」的特性裡。「杜威指出，唯有當這些東西被藝術家用來表現超乎其單純存在的意義之時，它們才能變成藝術的媒介」。[29]然而，這些超乎其單純存在的意義大多藏匿於創作的盲區裡，因為感官知覺的有限性，使得這盲區等待著創作歷程來探觸

---

27 劉文潭，《藝術品味》。臺北，臺灣商務出版，2009.03，134。
28 劉文潭，《藝術品味》。臺北，臺灣商務出版，2009.03，135。
29 劉文潭，《藝術品味》。臺北，臺灣商務出版，2009.03，133。

與挖掘。例如 2016 年的作品《煙沒》創作初期的「感性焦點」發生在信仰場域中的點香現象之燃煙裊裊，對煙絲飄動的狀態有感並反映在人們腦中不斷湧出的念想思緒，千思萬縷的思緒正好相映於點香祈福後煙絲的飄逸狀態。但是，在創作初期的創作並無法有明確的相映之「物」出場，直至創作進入「意物象」層次，舞蹈常用的「長巾」相映出場，於是乎，創作者以長巾做為煙絲狀來表現千軍萬馬的念想思緒的湧出態勢，「物」－長巾被創作者的藝術想像予以滲染了，長巾充滿著藝術想像的色彩與內涵。這種過程是一種美感經驗的饗宴。

> 依照杜威的見解，我們可以說美感經驗，是一種獨特完整而純粹的經驗，正是為了這個緣故，杜威強調說，即使哲學家，如果錯過了美感經驗，那麼他便無望了解什麼是真正的經驗了。這使我們自然而然地想起另一位德國哲學家謝林（Friedrich von Scheling 1775-1854）的主張 ——「審美的直覺乃是哲學的器官，而美學則是哲學的王冠（"Aesthetic intuition is the organ of philosophy and aesthetics is the crown of philosophy"）」。[30]

　　創作的盲區總會有許許多多意外的驚奇，促使創作歷程中這審美的直覺力的發揮。筆者在 2016 年創作《煙沒》的歷程中，筆者觀察點香祈福後燃煙裊裊的煙絲向上飄動，以

---

30 劉文潭，《藝術品味》。臺北，臺灣商務出版，2009.03，136。

手掌壓擋住煙絲向上飄動的路徑，煙絲飄逸在手掌處顯得沉厚濃郁，然後向水平方向開展翻騰，狀態極美，煙絲飄逸因手掌阻擋而變得沉厚濃郁，正也象徵著那些因壓力、壓抑而存留在心中的思緒念想，壓力或壓抑後的思緒念想顯得更加強烈的態勢，改變了方向以更沉厚濃郁的姿態翻騰而出。但這種極美的向水平方向的翻騰曲線，似乎難以用長巾來表現。直至某一次在排練場域裡，筆者忽被一位舞者的舞蹈狀態給開啟了，由於試練了數次總感覺這一位舞者對於低水平動作的掌握很流暢，突然意識起煙過阻力後翻騰的美，於是乎要求那位舞者，所有巾的甩不得高於腰部高度的動作，試練了數次後，得到難以想像的低水平長巾的舞法，長巾在低水平持續舞動但巾不落地，而舞者的身體就必須配合長巾的水平翻騰而在地板上低姿態的翻騰滾動，這一段成為了2016《煙沒》作品相當精彩的段落。《煙沒》這個作品是筆者運用民族舞蹈常見的道具長巾，以完全開放式的探索運用，而不落入傳統長巾的程式訓練技法，是一種較當代的民族舞蹈，對筆者而言，這樣的意義相當重要，也由於這樣的意義，使得在創作場域裡有了窺探觸及創作盲區的新契機。

> 馬蒂斯（Matisse）說得好：「……無論我們是否情願，我們總歸是屬於我們自己的時代，同時也分享著時代的意見、偏愛與幻想，所有的藝術家都帶有他們所屬之時代的印記；而偉大的藝術家所帶著尤其深刻；無論我們是否甘願，在我們的時代和我們

　　的自身之間，早已存有一個難分難解的結」。[31]

　　創作者的創作構思的內涵蘊藏著與社會結構的對話、與當代藝術思潮的對話、與歷史文化的對話、與民族舞蹈傳承與發展的對話，與舞者們的對話、與物的對話。「對話主義是一種建設性、創造性的美學觀和文化觀，其基本前提是承認差異性和他性的歷史事實，以自我與他者的積極對話、交流，來實現主體的建構」。[32]時代的印記、文化的印記或許在筆者身體感中有著極為深刻的反映，反映在創作的歷程中如何與眾多的他者進行對話，在對話的當下，差異性會逐步產生共感。如同巴赫汀的觀點：「強調差異的同時共存性、亦此亦彼性」，[33]「人的主體在巴赫汀看來首先是一個生命存在的事件或進程。……乃是存在的共有性、交流性、同時性」。就創作的構思而言，它亦與創作場域中的眾位他者「共有、交流、同時」，在不同的視角下交織著創作構思的運行。創作歷程就如同一個生命的進程，在創作場域裡確實創作者與舞者們、眾位他者存在著差異性的身體感，在創作場域裡交織著彼此，亦此亦彼性。所以在創作場域中常能因此而換位產生不同的視角，得以探觸盲區的存在。「對話主義的另一魅力在於它的建設性。對話主義在一片解構聲中唱的是一首樂觀積極的建構之曲：主體的建構、文化的建構，

---

31 劉文潭，《藝術品味》。臺北，臺灣商務出版，2009.03，39。
32 劉　康，《對話的喧聲：巴赫汀文化理論評述（Bakhtin's Dialogism and Cultural Theory ）》。臺北：麥田出版，2010.10，18。
33 劉　康，《對話的喧聲：巴赫汀文化理論評述（Bakhtin's Dialogism and Cultural Theory ）》。臺北：麥田出版，2010.10，18。

總是在大斷裂、大變化的轉型期由自我與他者的積極對話來實現的」。[34]

創作構思的價值來自於創作場域中不斷交織的對話，創作者的身體感會因各種交織的對話狀態而不斷地在質變著，例如在 2016 編創《煙沒》時，正巧看到學校武術隊練習劍術，是想劍術與長巾舞動都必須運用腕關節，突然靈機動，置入一個外在的概念，那就是武術中的劍法。筆者與資深舞者觀賞著武術劍法的影片，對話探索著武術劍法的技法能否融入長巾的技法，並在多次的試練之後探索出一些新的、不同以往的長巾技法。舞者們使用這技法，使得長巾的翻騰旋轉更加快速、敏捷，更加貼切於千思萬縷的念想的狀態。「當關於題材之激動趨於深刻時，它便攪動了獲自先前經驗之儲藏起來的態度與意義」，[35]由於此長巾技法是由武術劍法推衍而來，在創作場域中試練時的長巾有如無形的劍氣般。然而，劍氣的存在又更加貼切地使得千思萬縷的念想的氣勢得以在舞蹈中出場，武術劍法的技法在長巾的舞蹈裡是一個完全不相同的事物，完全屬於盲區的一種不可能的探觸之地，其結果展現出了相當契合的表現，使得《煙沒》創作構思中那千思萬縷地、稍縱即逝地、翻騰湧出地，象徵思緒狀態的情感得以貼切地出場，「沒有表現便無以言藝術，沒有情感便無以言表現」。[36]武術劍法技法推衍至長巾舞蹈技

---

34 劉　康，《對話的喧聲：巴赫汀文化理論評述（Bakhtin's Dialogism and Cultural Theory）》。臺北：麥田出版，2010.10，36。

35 劉文潭，《藝術品味》。臺北，臺灣商務出版，2009.03，116。

36 劉文潭，《藝術品味》。臺北，臺灣商務出版，2009.03，120。

法,「這種出乎意料的結果往往是藝術家事先難以預知的」,
[37]這個例子,創作者構思的質變在創作場域中不斷交織的對
話裡換位地運行著,作品亦在此運行中逐漸確立其意義、形
式。杜威指出:

> 藝術家所以成為藝術家,其主要的特徵便是在於他
> 生來便是一個實驗者,由於藝術家必須透過屬於尋
> 常世界的工具和原料,以表達他那強烈的個人經
> 驗,所以他被逼得非變成一個實驗者不可,這個問
> 題不是一了百了,每一件作品都會面臨到它;否
> 則,藝術家只有重複老套,從審美的觀點來看便無
> 異死路一條,唯有當藝術家從事於帶有實驗性質的
> 活動,才能開創出新的經驗領域,才能在熟悉的景
> 象和事物中,揭露新的方面和性質。[38]

　　翻騰煙狀、千思萬縷、武術劍法、綜合起的身體感體現
在長巾的舞蹈技法裡,成為一種舞蹈藝術的表現。看來許多
毫無相關的生活情景、或毫無相關的他領域的技法,都成為
創作者在構思時探觸創作盲區的機緣,開創出令人感到驚奇
的創作發展。對筆者而言,創作盲區的探觸,在於換位思索
的視角,以提供創作中的契機,滿足創作者心中創作的意
圖、能量、理想;滿足創作者藝術想像的表現空間;滿足創
作者人生經驗的轉化、美感經驗的實現。「顯而易見地,唯

---

37 劉文潭,《藝術品味》。臺北,臺灣商務出版,2009.03,128。
38 劉文潭,《藝術品味》。臺北,臺灣商務出版,2009.03,129。

有當藝術具有人生的實質,而美感經驗成為現實經驗的縮影時,藝術才可能在濃縮現實人生的美感經驗中發榮、滋長,表現出價值與意義的積累,慾望與理想的滿足」。[39]創作盲區蘊涵著創作探險的樂趣,充滿著未知,探觸創作盲區成為創作歷程中無可逃避的挑戰,就筆者創作經驗而言,亦樂於探觸著創作盲區以充實積澱自身的美感經驗。

第二節 創作中的身體反映

身體反映,意指創作歷程中的創作者與眾多者他者的狀態,以及自身與之的關係所產生之相映的現象。在創作歷程中創作者及舞者們對於創作歷程中的種種變化,包含對於創作盲區的探觸後,其身心靈的整體反應、映襯,進而促使了身體感的質化,稱之為「身體反映」。就每個不同的主體來說,其「身體反映」來自於身體的舞蹈經驗的積澱、來自於對當代舞蹈藝術的觀點、來自於創作者隱喻地符號所指(Signified)[40]其自身的理解與詮釋、來自於與他者的交織經驗的積澱。

透過長期實踐,身體經驗和心靈經驗可從根本上改

---

39 劉文潭,《藝術品味》。臺北,臺灣商務出版,2009.03,105。
40 所指(Signified)與能指(Signifier)是符號學中的一對概念。索緒爾將符號分成能指和所指兩個互為表裡的聯結之後,真正確立了符號學的基本理論。

變，並且可透過特定的練習，培養美學意義。一旦
身心或是覺察模式被喚醒，就會產生震動及共鳴，
並且開始移動。在工作坊中，舞踏表演者巴柏（Fran
Barbe）稱之為「閃閃發亮的身體（sparkling
body）」，表示由內部活動產生的震動感。[41]

　　筆者長期民族舞蹈創作都相當重視「由內而外」的身體
表現，舞者們若無法先在內在相映的「意心象」，則無法再
進一步由內而外地轉化至「物」的相映層次 ——「意物
象」。那麼就會在創作歷程中形成阻礙，無法到位地表現，
只徒留外在形式。舞蹈家胡民山曾說：「身體是畫筆，動作
即是寫出的字形，舞者們在舞台上書寫和作畫並且共同的譜
出了屬於人體線條美的舞蹈藝術」。[42]為了避免，在創作歷
程中就必須要有不斷的對話，來強化深刻其內在意義的聯
結，以期舞者們一起朝向共同的脈絡來發展。創作者與舞者
們的身體感彼此交融互滲，舞者與舞者之間亦是如此，自我
的身體感總有眾多的他者的身體感滲入其中，無法以絕然的
自我存在於創作歷程中，在眾多身體感交織的脈流裡，彼此
換位喧聲與對話的「共遊」。相對而言，這亦是藝術創作
中一種「忘」與「遊」的境地，在「忘」與「遊」的狀態
裡，滋養著你、我、他的身體感，交織著的身體感，共創藝

---

41 菲利普‧薩睿立（Philip Zarrilli）著，《身心合一：後史坦尼斯拉夫斯
　　基的跨文化演技（Psychophysical Acting:An Intercultural Approach
　　after Stanislavski）》。（馬英妮、林見朗、白斐嵐譯）（臺北：書林出
　　版，2014.07），94。
42 訪談舞蹈家胡民山及其手稿，2019/03/13。

術創作的脈絡。「"不知"即"忘","忘"便能"游",從而會"自喻適志"」。[43]一位邱姓學生原本對民族舞蹈有著較固守的看法,在大學四年接觸筆者的民族舞蹈身體訓練,並參與 2016 創作《煙沒》,四年多較為開放式的民族舞蹈身體訓練,解構了她原本的看法,重新認識了民族舞蹈,有著新的見解看待民族舞蹈的身體訓練與創作。

> 透過君玲老師的民族舞蹈身體訓練,讓我漸漸拋下對「民族舞蹈」的標籤化,更多探討的是內在,從呼吸開始漸進融入身體而形成動作,不再是外顯的動作,而是由內轉化成為形體,對於偏好身體感和動力使然的我,君玲老師的身體訓練讓我在民族舞蹈甚至其他類型舞蹈也能更注意內在的細節而不是身體外在的型態。[44]

由內而外的運行,方得整體性的身體感得以湧出,進而控制身體的舞蹈,而不僅是一種外在舞蹈形式與動作的擺設而已。這是在生理層次、心理層次、潛意識層次的「共震」,充滿著能量的共震狀態。

> 你的全身,當時的我並不明白老師說的「全身」其實是我現在會稱呼的「身心」(bodymind)——一種身體和心智運作合而為一時,於微妙的生、心理層

---

43 劉　方,《中國美學的基本精神及其現代意義》。巴蜀書社出版,2003,172。
44 2019/07/02,邱芷涵在一次創作場域的排練後心得。

次滿佈的深刻感知與共鳴狀態。「使用全身」指的是
一個人的身心都充滿醒覺的能量，覺察全然地打
開，如此才能讓他益發在一舉一動中顯得集中而凝
練。[45]

在創作歷程中，共震消解了主體與客體之間的結構，主
體是交融著他者的主體，是與他者身體感共震的主體。「主
體　　，是一個不斷建構自身的過程。這個能動的、發展
的、建構的過程，主要是在相互運動、交流、溝通中的關係
呈現出來」，[46]在創作歷程中，解構乃是為了一個新契機的
建構，存在於創作盲區的新契機與舊有的身體感交織共震的
建構，作品脈絡與架構亦是在此對話歷程中先解構再建構。

重"想像的真實"大於"感知的真實"不是輕視理智的認
識因素，恰好相反，正因為理解（認識）在暗中起
著基礎作用，所以，虛擬才不覺其假，暗示即許可
為真。因有理解作底子，想像才可以這樣自由不必
依靠知覺。[47]

---

45 菲利普・薩睿立（Philip Zarrilli）著，《身心合一：後史坦尼斯拉夫斯
　　基的跨文化演技（Psychophysical Acting:An Intercultural Approach
　　after Stanislavski）》。（馬英妮、林見朗、白斐嵐譯）（臺北：書林出
　　版，2014.07），18-19。
46 劉　康，《對話的喧聲：巴赫汀文化理論評述（Bakhtin's Dialogism
　　and Cultural Theory ）》。臺北：麥田出版，2010.10，84。
47 李澤厚，《華夏美學》。天津：天津社會科學院出版，2001.11，248。

　　創作者與舞者都有其對民族舞蹈的基礎理解，這理解它來自於身體的感知能力；然而在民族舞蹈創作歷程中，創作者與自我、創作者與物、創作者與舞者的對話或喧聲裡，彼此以感知為基礎、以過往舞蹈經驗為基礎，互相對話、互相喧聲！因此，想像力得以被反映而出場，這在筆者的民族舞蹈創作歷程中，顯得相當重要。因為，想像力的真實使舞者能由內而外的舞動，一直是筆者所堅持的原則－知其所以舞而舞之。創作歷程中的身體反映，來自於身體舞蹈經驗，藝術想像力的激發有賴於創作歷程中的對話與喧聲，創作者扮演著最重要的角色。創作歷程中的對話，創作者與舞者們同時共存、互為角色、互為主體，關係是不斷交織的現象。創作者在確立舞者們各自的角色、立場、位置的同時，也在自我確立共同的身體反映是否達致共震共感的狀態，這也是創作者一種自我確立的對話過程。「作者在創造主角這個藝術主體時，也在創造、發現他的自我與主體。……作者的自覺意識與主角的自覺意識不可或缺，相輔相成，在主體間對話中達到自由的境界」。[48]宗白華認為藝術最高境界是空靈與充實的結合：

　　　　空靈和充實是藝術精神的兩元；藝術心靈的誕生，
　　　　在人生忘我的一剎那，即美學上所謂的「靜照」。[49]
　　　　由能空、能捨，而後能深、能實，然後宇宙生命中

---

48 劉　康，《對話的喧聲：巴赫汀文化理論評述（Bakhtin's Dialogism and Cultural Theory）》。臺北：麥田出版，2010.10，188。
49 宗白華，《美學散步》。上海，上海人民社出版，1981，21。

> 一切理一切事無不把它的最深意義燦然呈露於前。
> 「真力瀰滿」，則「萬象在旁」。[50]

　　身體反映，創作者首要的任務是將舞者們的身體經驗盡可能地懸置，如此一來，較無預設立場的身體反映，成了更寬廣的發展脈絡的契機，使得創作者得以在創作場域裡盡情反映，與之對話。在「意物象」層次裡，身體的反映需與「物」（眾位他者）相互交織，並達到「情和景交融互滲，因而發掘出最深的情」。[51]筆者 2014 年創作《蔓生‧枯影》在創作過程裡，創作者得細緻地、敏銳地觀察舞者們每個差異化、獨特化的身體反映，這身體反映融滲著過往的生命經驗、舞蹈經驗，筆者試圖在創作作品的意義、形式中結合舞者個性與獨自的特質，將這些具有生命力情感的身體反映融入作品中。《蔓生‧枯影》這個作品來自於生命熾煉數十年存藏於筆者的身體內，久久地、不自覺地影響著身體感，身體感湧出，創作契機即由藤蔓與枯竹開啟。關於《蔓生‧枯影》這個作品的創作歷程，筆者曾接受研究訪談並記錄於創作手札中：

> 《蔓生‧枯影》源於我對自然界中，歷經歲月洗煉
> 的藤蔓的生長，對其生命的不妥協！在作品裡其實
> 我並不是要模仿藤蔓的生長，或者是模仿藤蔓的外
> 形，我會把自己想像成藤蔓，仔細去體察當我是藤

50　宗白華，《美學散步》。上海，上海人民社出版，1981，25。
51　宗白華，《宗白華全集 2》。安徽，安徽教育社出版，1996，327。

蔓，並面對艱難的環境時，我的身體感受是什麼？[52]
在 2014 年創作的《蔓生，枯影》，這是我的生命體
悟，人的一生不斷在困境中，尋求一線光絲，奮起
掙脫困境，開枝發芽，又不忍於青枝綠葉成熟時，
正是枯影纏繞心靈的開端，懼於面對最終的枯枝乾
材，棄落道旁，悽景感嘆矣！[53]

身體反映，是基於身體感的積澱，可說是身體感湧現
的出口，這一出口必須要有其相映之「人、事、物、景、
態」[54]來聚緣而成。生活中人與人的互動關係、人和事的交
雜、人對物的聯結、人入景的感悟、人於社會態勢的立足，
或惡、或善、或淡、或濃，都有可能聚緣而成身體感的出
口；身體反映在生活中的「人、事、物、景、態」，亦在創
作場域中產生。

在創作中必須考量到的「人」的部分，這也是最難
的，也是拉扯度最強的部分，包含著創作者自身、
最重要的舞者們、設計群、行政群等等，這些人都
會或多或少地影響著創作者的創作進行；必須考量
「事」，創作中發生的種種事象，用以修正創作作品
的脈路，例如排練場地大小，排練時間無法確定；
必須考量「物」，排練時的音樂、服裝、道具未具足

---

52 2014 蕭君玲創作手札記錄。
53 2014 蕭君玲創作手札記錄。
54 鄭仕一，〈再建構的創作憶痕 —— 胡民山、蕭君玲之民族舞蹈創作歷程
　分析〉（臺灣師範大學體育學系博士論文，2014），175。

等等；必須考量「景」，創作排練時由於各「物」尚未具足，所以作品裡的「造景」是必須要靠想像來「構景」的，這也因此使得創作都經常得修正創作；必須考量「態」，意指作品排練時的狀態，這會依據每一次的現場域不同而不同，舞者的身心狀態，創作者的思維狀態，排練場地的狀態，道具、服裝的狀態，音樂製作的狀態，每一項都構成當下作品的狀態，創作者也會受此「狀態」而影響作品的編排。[55]

在創作歷程中其「人、事、物、景、態」往往隨著時間積澱在創作者、舞者們的身體反映裡存在，它們不在於客觀的時間流動，而是跳躍的、隨機的出現。「人、事、物、景、態」隨著身體的反映將「意心象」層次的身體感湧出，作品的時空感存在於藝術想像裡，可以重覆、緩化、跳耀、拼貼、質變，有著廣大的游移空間。如作品《煙沒》的長巾象徵著千思萬縷的思緒、作品《蔓生‧枯影》中的枯竹象徵著生命熾煉的艱韌，這都是以具體的身體舞動間接表現抽象或意義的一種概念，「象徵超越了時間與空間的侷限性，使創作者與表演者感知過往的歷史情結，進而透過象徵的整合性作用使其與當代審美意象融合，因此，自然而然新的創造

---

55 鄭仕一，〈再建構的創作憶痕 —— 胡民山、蕭君玲之民族舞蹈創作歷程分析〉（臺灣師範大學體育學系博士論文，2014），175。

就產生了」。[56] 民族舞蹈創作由於身體反映產生的象徵性，自然而然地融合了文化與當代的差異，擴展了民族舞蹈創作在當代的意義。

> 民族舞蹈創作必然順應著文化的非複製性、位移性與異變性及身心一致的當下性，這是一種「無所存在的自在」，或說是一種在文化框架及當代美學判斷的變動下所存在的「文化場域中的自由度」。[57]

在這文化場域中的自由度，創作者與舞者們得以盡情盡意發展藝術想像、審美判斷、對話與喧聲，然後反映至「物」的運用，創造蘊涵藝術思維的作品意境。「宗白華說：意境是造化與心源的合一。　　就是客觀的自然景象與主觀的生命情調的交融滲化」。[58]創作作品的意境隨著創作歷程的堆疊，逐步擬煉而存在於舞者的身體反映所呈顯出的「共震共感」的特質裡，創作者與舞者共同化的進行著創作的審美判斷與反映。

> 審美判斷不是自我單一的主體所能夠完成的，而必須是兩個精神主體──自我與他者──共同的創造，是「存在事件獨統而統一、而且極富影響的瞬間，

---

56 鄭仕一、　`蕭君玲，〈中國舞蹈審美意象：原型、隱跡、象徵〉，《大專體育學刊》，82（臺北，2006.6），1-12。

57 蕭君玲，《變動中的傳承：民族舞蹈創作的文化性與當代性》。臺北，文史哲出版社，2013，110。

58 宗白華，《宗白華全集 2》。安徽，安徽教育社出版，1996，327。

　　這也是活生生的藝術的事件」。[59]

　　所以，在創作歷程中不斷地與舞者們對話是必需的。在與舞者們的對話中，可以獲得他者的身體反映的跡象、脈絡與特質，並將之綜合、提煉、轉化，這是一種「多重立場」的創作提煉，汲取舞者們的身體反映現象。另言之，這亦是創作者透過「多重立場」的汲取，來解構自身的一種作法，同時，也在解構舞者們的身體反映，以利創作歷程中的建構。這一解構自身與舞者們的身體反映，其歷程是充滿著「美」的情感，「美學的生活，就是把自己的身體、行為，感覺和激情，把自己不折不扣的存在，都變成一件藝術品」。[60]創作者的解構能力來自於藝術想像力，這一解構再建構實質上就是一種由創作者自身生命經驗、舞蹈經驗凝煉而來的藝術創作工程，創作者的創作風格也受到自我經驗凝煉的深刻影響，當然這也是藝術風格重要的源泉，創作風格與創作者長期積澱的身體緊密關聯著，這身體感的內涵蘊藏著來自生命熾煉的審美觀、藝術觀，以及對文化的理解、社會時代的觀感、當代藝術演變的現況感悟等等，這些蘊藏在身體內隨機的、隨興的脈動著，自覺與不自覺地影響著身體的反映，久久積澱成創作的能量、藝術想像力的能量。生命熾煉出深刻的痕跡，存留於身體感深邃暗處，「許多生命中

---

59 劉　康，《對話的喧聲：巴赫汀文化理論評述（Bakhtin's Dialogism and Cultural Theory）》。臺北：麥田出版，2010.10，109。

60 詹偉雄，《美學的經濟：臺灣社會變遷的 60 個微型觀察》。臺北，藍鯨出版，2005.07，33。 引用法國哲學家傅　柯（Michel Foucault）的論點。

的美，並不是物質，沒有實際利益，但是，情動於中，留在
記憶深處，久久不能忘卻」[61]美，的確是藝術想像力的重要
養分，尤其是對筆者民族舞蹈創作而言，在筆者的創作作品
裡，如何呈現文化美是相當重要的，必須在音樂、服裝、道
具、燈光設計、影像設計、舞者身體訓練等層面都必須融
滲，全面顧及，方能達致創作的藝術想像。

> 這種把自己生活變成藝術品的心靈工程，還仰賴著
> 現代人才有的生活能力 ── 面對五光十色的符號和意
> 象洪流之時，人可以「沉浸於其中，即時體驗，並
> 創作一個理想化的自己」。換句話說：是一種對平凡
> 事物的自我陶醉和詩意化(poetization)的能力。[62]

　　筆者長期以來的民族舞蹈創作，皆融滲當代藝術思潮
的感悟、對文化的理解再詮釋、個人生命熾煉的反映等，在
創作本質上，已然蘊涵著創新於其中。「創新，來自生活經
驗的咀嚼」[63]，謝孟汝在碩士論文中提到：「舞蹈藝術家隨
著時代脈動，推陳出新，『創作』不同的舞蹈型式。蕭君玲
亦是立足於這樣的脈絡中進行民族舞蹈創作，既是襲舊，也
是創新」。[64]長期如此創作的積累，已成一風格與特色，早

---

61 蔣　勳，《此時眾生》。臺北，有鹿文化，2012，167。
62 詹偉雄，《美學的經濟-臺灣社會變遷的 60 個微型觀察》。臺北，藍鯨
　　出版，2005.07，33。
63 詹偉雄，《美學的經濟：臺灣社會變遷的 60 個微型觀察》。臺北，藍
　　鯨出版，2005.07，62。
64 謝孟汝，〈從表演者觀點探究蕭君玲的民族舞蹈身體訓練〉（臺北市立
　　大學舞學系碩士論文，2019），10-11。

期的自我懷疑，也在長期創作的堆疊下，有了新認同。詹偉
雄說：「先有風格，才有認同」！[65]風格不同於一般的作品特
色，它能透過作品表現出相對穩定，反應當代以及藝術家內
在思想的特性。風格的建立，也是長期以來的藝術工程，由
數十多的作品所堆疊、積累而成的，它有如一長久不滅的動
能，不斷地推衍出每一次不同以往的作品，而每一次由積澱
深處的身體感所引出，似乎已成為筆者創作的常態；風格，
使得筆者的內在思想更加確定，並從中享受著創作時的心靈
工程。筆者亦時常在創作場域中感到困擾，因舞者們的身體
反映無法因筆者的引導與對話產生「共震共感」，而無法達
成風格的一致性，這也是筆者自身必須肩負的挑戰，做出選
擇與判斷，通常在做選擇時會依舞者的身體反映不斷的改變
策略，這過程當中是採開放式的態度，尊重並瞭解舞者的身
體經驗與狀態，筆者認為與舞者交心是非常重要的環節，並
試著從美感經驗切入，讓創作歷程中舞者的身體反映能從心
靈深處的「美感」湧出，帶出意義，而不只是一種快感的舞
蹈著的身體表現，「快感並不等於美感，因為美感不只停留
在器官本身的刺激，而是提升到心靈的狀態」。[66]

> 如果創意來自於個性，來自於一種專屬於個人感性
> 和理性交織的抉擇，那麼如何催生出這種新穎的能
> 力……，答案在於「自己的身體」！有什麼比自己的

65 詹偉雄，《美學的經濟：臺灣社會變遷的 60 個微型觀察》。臺北，藍
　　鯨出版，2005.07，70。
66 蔣　勳，《美的曙光》。臺北，有鹿文化，2009.08，283。

身體，能給你更「獨一無二」、「專屬於你」的感
受；而藉由這種私密的肉體和心靈對話，你所產生
的意念、激動和感動，正是你獨一無二，創造自主
抉擇的「創意」的源泉。[67]

　　上述提到創意是個人感性與理性身心整合的狀態，亦
是過往與當下的整合、是自我與他者的整合、是人與物的整
合。這樣的整合性瀰漫於創作歷程中。如此的整合性的身體
反映，長期跟隨筆者的舞者謝孟汝在碩士論文中提及：

蕭君玲將不同舞蹈技巧融入於身體訓練中，關注舞者的身體
能力、表演性及創作性三個面向，並以意象引導的方式讓舞
者體會從「無」到「有」，並由「內」而「外」地舞動方
式，讓舞者在身體訓練的過程中，體會不同的身體感，思考
民族舞蹈中「動」身體的方式。[68]

　　身體反映源於身體長期積澱的經驗，在創作中所合作
的他者，有長期合作的舞蹈工作者、技術群相關工作者（如
燈光設計、服裝設計、舞臺設計等），「因不同的專業領域或
不同實務工作者，反映性對話的本質將有所差異」，[69]「這
位實務工作者的實踐藝術對別的實務工作者而言是隱晦

---

67 詹偉雄，《美學的經濟：臺灣社會變遷的 60 個微型觀察》。臺北，藍
　　鯨出版，2005.07，117。
68 謝孟汝，〈從表演者觀點探究蕭君玲的民族舞蹈身體訓練〉（臺北市立
　　大學舞學系碩士論文，2019），摘要。
69 Donald A. Schön 著，《反映的實踐者（The Reflective Practitioner）》
　　（夏林清等譯）（臺北：遠流出版，2004），244。

的」。[70]在筆者的創作經驗裡，即便是相同專業領域的舞者們，其對話仍然有著相當隱晦層面的存在。所以，在創作歷程中的心領神會是不易的，合作關係緊密、長久的資深舞者，也僅僅是相當少數能在對話中有默契。因為身體反映，本質上是內隱性的狀態，需要透過創作者巧思地運用隱喻的方式轉化至可表達的方式出場，良好的隱喻方式，能使得身體反映的內涵隨著帶有想像空間的隱喻而出場。

> 當我們在日常生活中即時反應和直覺行動時，我們是以一種獨特的方式展現自己是具有足夠知識的。通常我們說不上來我們知道什麼，當我們嘗試去描述時，卻發現自己困惑了，或產生的敘述顯然是不恰當的。我們的認識通常是隱含的(tacit)，其隱含於我們行動的模式中，……我們的認識是在行動之中(Knowing is in our action)。[71]

這種隱含的（tacit）身體反映，亦是影響創作風格的因素，創作者生命熾煉的眾多經驗裡，每每產生就會向內沉入積澱於深邃的內在，而會在某個時刻因外在因素而引發。托爾斯泰（Leo Tolstoy）認為：「在自己身上先引發出一種曾經感受到的經驗感覺，隨後再利用動感、線條、顏色、聲音，或由文字表現出造形，來將這種感覺傳遞給他人，使他

---

70 Donald A. Schön 著，《反映的實踐者（The Reflective Practitioner）》（夏林清等譯）（臺北：遠流出版，2004），242。
71 Donald A. Schön 著，《反映的實踐者（The Reflective Practitioner）》（夏林清等譯）（臺北：遠流出版，2004（，56。

們也能感受到相同的感覺—這便是一種藝術活動」。[72]舞蹈則是運用身體姿勢、動作、線條，服裝的色彩、質料、重量，音樂的節奏、旋律、樂器的音色，燈光的明暗、區塊、色彩等等來表現出舞蹈作品的形式，這是一項需考量眾多變動因素，且屬於一次性呈現的藝術模式，每一部分的細節都相當重要。因此，身體反映會受到這些眾位他者（舞者們、燈光設計、服裝設計、舞臺設計）的制約，這種藝術想像力中的身體隱含著社會化的現象，並在這當中拉扯著創作時的身體反映。

> 有一種身體 physical body，是物質性的，它跟肉體的這個身體是連在一起的;但是另外還有社會性的身體(social body)，social body 通常與生活方式、意識形態、國家權力、文化差異密切相關，很多不同的社會，都會透過身體來達到認同的或者是界定的作用。你要界定一個人，或者他跟你的差別，身體是一個非常重要的媒介。……所以身體很多面向是跟文化、社會條件、與 social body 連在一起。[73]

換言之，創作中的身體反映，都必然隱含著社會化的身體感，必然有相當層面的身體感是源自於社會層面的拉扯現象。另一面向而言，創作場域即是一種社會化的場域，充

---

72 赫伯特・裡德（Herbert Read）著，《藝術的意義（The Meaning of Art）》（梁錦鋆譯）（臺北，遠流出版社），2006，311。
73 廖炳惠著，楊儒賓、何乏筆主編，《身體與社會：身體、文化與認同》（臺北，唐山出版社，2004），93-94。

滿著創作者與舞者們的拉扯、舞者與舞者之間的拉扯。筆者
曾在 2019 年 7 月在《夢蝶》的創作場域中出現了狀況
「『拉扯』，是創作者如實的面對痛苦的一種抉擇；『拉扯』，
就意謂得有某些棄捨、妥協」。[74]《夢蝶》舞者在創作場域
中的身體反映，有可能是社會化身體反映的結果，當時舞者
面臨即將畢業出社會的忐忑心情，在排練的同時已多方面的
在外發展自己未來的方向，如專業舞團的行政、舞蹈教學等
等，以致無法十分專注在創作場域裡的排練。舞蹈的身體反
映，看來是一種真實的言語，無法隱瞞目前自己的身體狀
態，如同舞者的身體反映早已被許許多多的外務切割，並在創
作場域裡真實地反映出來。胡民山老師在接受某次的論文訪
談亦談及了創作時現象的「拉扯」，他表示：

> 【拉扯】在創作中經常性的過程：有了拉扯，不是編
> 舞者在創作出了問題，就是舞者的表達有問題！拉
> 扯從字面解義可以有多層的發現，【拉】，拉開了原
> 構思、【扯】，扯出了另種生意或問題。拉開與扯出
> 雖當下會令人錯愕卻能夠看到【間】的可能或可行
> 性。[75]

　　筆者 2019 年 7 月創作《夢蝶》時已遇到了頗具力道的
拉扯，期待能由自身的身體感重新探觸未曾觸及的盲區，在

---

74 鄭仕一，〈再建構的創作憶痕：胡民山、蕭君玲之民族舞蹈創作歷程
　　分析〉（臺灣師範大學體育學系博士論文，2014），162。
75 鄭仕一，〈再建構的創作憶痕：胡民山、蕭君玲之民族舞蹈創作歷程
　　分析〉（臺灣師範大學體育學系博士論文，2014），165。

「意物象」層次裡有著新的身體反映，以期在拉扯狀態下看見「間」的存在。有如胡民山所提：「在拉扯的過程中，經常有趣的看到了【間】的趣味性，發現了更多【間】的可能性」。[76]另一方面，筆者因行政職務壓縮了很多的空間，導致自我在創作場域中的身體反映有著時間的壓迫性，上述這些都是一種社會化的身體反映，在創作場域裡「拉與扯」，期待能如胡民山老師所述，能在拉與扯當中，覓得「間」的美感。

第三節　解構 —— 建構 —— 再解構

創作歷程中的「意心象」層次屬於不斷解構為主的過程，其意象是模糊的，在「意物象」層次，因有了「物」的出場，使得意象趨向了明確化，在這一層次裡創作者主要的任務在於將意心象的內涵、情感、美感等注入意物象的明確化結構裡，屬於建構為主的歷程。創作歷程中難以明確劃分那些層次屬於解構，哪些層次是屬於建構的，解構與建構是交織在創作歷程中的。只能表明在哪些層次裡是以解構為主或是以建構為主的現象。這樣看來，舞蹈藝術在創作歷程中是相當不確定的，「在解構主義看來，藝術作品中並不存在

---

76 鄭仕一，〈再建構的創作憶痕：胡民山、蕭君玲之民族舞蹈創作歷程分析〉（臺灣師範大學體育學系博士論文，2014），168。

確定性的東西 」，[77]創作歷程中的身體反映狀態，是造成這
不確定性的最主要因素，每一次的身體反映狀態，不論是創
作者或是舞者們，彼此之間交互影響著，並源由之前的身體
反映，差異化的延展至當下的身體反映狀態，這是一種有脈
絡的差異化延展的現象，也就是說，在創作歷程中每一次的
差異化延展都是一次次再重覆的痕跡，但卻已不同於上一次
的反映的跡象了。在創作歷程中，這種不斷地差異化的延展
轉化的現象，或可說是不斷「解構—建構—再解構」的歷
程，這有如 Jacques Derrida 提出的「延異」的概念：

> "延異" 是差異的有系統遊戲，是差異的特徵的有
> 系統遊戲，是使各因素相互聯繫的空白（spacing）
> 的有系統遊戲。這種空白同時既是主動地又是被動
> 地產生間歇。沒有間歇，豐富的術語就不能有所意
> 指，不能有所作為。[78]

　　創作歷程中這一種「解構—建構—再解構」的現象，
是不斷在既有的脈絡、痕跡上重覆、更新、補充的現象，直
至作品完成後，這一現象才會趨於和緩。創作歷程中因差異
化的延展轉化出現了許許多多新的創作因子，原有的創作構
思就會被拉扯而分裂，出現了「間」的縫隙，產生了新的空
間、新的衝擊、新的契機，因此差異化的延展轉化現象是一

---

77 李建盛、劉洪新，〈德里達的解構哲學及其對藝術真理的理解〉，《湖
　　南科技大學學報》，7.1（2004）：8-11。
78 德希達（Jacques Derrida）著，《立場（Positions）》（楊恆達、劉北成
　　譯）（臺北，桂冠出版，1998），29。

直存在,且動態性地延展開來,創作的不確定性始終存在
著。創作者在創作歷程中得隨時保有相當敏銳地觀察,並掌
握住創作的發展脈絡。創作歷程中的「解構─建構─再解
構」現象,亦可解釋為不斷補充、置換的轉化歷程,作品藉
由不斷轉化的歷程而逐漸完整。

> 補充性就是分延(延異),就是同時 使在場分裂、延
> 遲,同時使之置於分裂和原初期限之下移異過程。[79]
> 在 Jacques Derrida 看來,任何新敘事文本都是在摹
> 仿已有的文本的基礎上形成的。一個文本的運行過
> 程必然是一個既重覆又重寫舊文本的過程(Jacques
> Derrida 將之稱作是"二重敘事/double narrative),必
> 然是一個文本的自我變異過程。[80]

創作歷程中的補充,需要與舞者們不斷地對話來完
成,一起建構起創作的文本,「事物真正的核心或許在於自
我與『他者』之間,而此『他者』大部分的情況是屬於不在
場的顯現,因為完全的『他者』 並無法真實地呈顯出來」,
[81]創作者與舞者們不斷地對話、喧聲、互補,彼此間的差異
化依舊存在,但卻成為一種「共震共感」的差異化存在,創

---

79 德里達 (Jacques Derrida) 著 ,《 聲 音 與 現 象 (Speech and
 Phenomenology)》(杜小真譯)(北京:商務印書館,2001),111。
80 蕭錦龍,《德里達的解構理論思想性質論》。北京,中國社會科學出版
 社,2004,188。
81 鄭仕一、蕭君玲,《身體技能實踐的反映與轉化》。臺北,文史哲出版
 社,2013,151。

作作品的意義逐漸顯露，由不明至明確的意象漸漸產生，
「意義所指不是源自事物本身的屬性而是源自一種事物與其
他事物間的差異關係」。[82]創作者如何將自身與舞者們的身
體反映的差異化狀態調和至在作品中產生「共震共感」，這
大概是創作中最重要的了。創作歷程中創作者與舞者們的身
體反映的痕跡，是不斷交織、重疊在一起的現象，彼此之間
互有喧聲的力道，創作文本亦在此交織、重疊，互為喧聲之
間被完成，「痕跡的無處不在表明所謂的自身實際上是由無
數他者交織而成的，文本實際上就是由互文構成的」，[83]
「文本是一種非中心化的結構。無中心的結構就是結構因素
不斷重複、代替、轉換、和置換的遊戲活動，因而是一種無
限開放性的結構」。[84] 創作文本的形成，像是一不知去向的
河流，不知會流向何處、以何種形式流動？唯有在對話之中
得以稍稍窺得其動靜。

在創作歷程中，其創作文本的形成、轉化，或許是可
感可見的，或許是隱匿於盲區中的，創作文本在可見與不可
見之間發展著，創作者唯有透過敏銳的感悟，方能順隨著身
體反映來發展創作文本。「意物象」層次裡即是透過身體與
「物」（眾位他者）創造出能映照出作品意義的「符號」，舞

---

82 蕭錦龍，《德里達的解構理論思想性質論》。北京：中國社會科學出版
社，2004，77。
83 周榮勝，〈論德里達的本文理論〉，《北京社會科學》，4（2000）：120-
130。
84 周榮勝，〈論德里達的本文理論〉，《北京社會科學》，4（2000）：120-
130。

蹈姿態、動作、物的運用、與他者的互舞，皆是舞蹈創作中所要建構出的符號系統，這些符號能將作品的不可見的意義傳達出來，作品意義的出場是透過建構的符號系統來增補的，創作者與舞者們的身體反映亦是透過這些符號系統來增補出場的。

> Jacques Derrida 言：「文本之外無物（There is nothing outside of the text）；事物就是符號本身。呈示（manifestation）不是事物本質的展示，而是使事物變成一種符號。符號永遠是事物本身的補充。符號代表著 "不在場" 的 "在場"。[85]

「意物象」層次，可說是舞蹈創作最重要的層次，在這個層次裡舞蹈符號、形式都趨於明確化、建構化。原本來自於「意心象」的身體感，在「意物象」層次裡仍有著大幅度的轉化，一種差異化的延展轉化，在「意物象」層次裡大量的舞蹈符號被建構，又被解構，然後再建構，這些符號的解構與建構的反覆性，都取決於與「意心象」層次的身體感之間的聯結、互映、互滲、互感的契合度而定。因為，舞蹈符號的建構是為了反映出最原初的身體感中的意義內涵，這個廣大的、無可限制的意義內涵，得依靠特定的、有限制的民族舞蹈符號來使之湧現出場。例如筆者於 2018 年創作的《唯醺》，以女性醺意之身體姿態的美，來成為這個作品的

---

85 蕭錦龍，《德里達的解構理論思想性質論》。北京：中國社會科學出版社，2004，20。

符號系統，各式各樣在失控與控制之間的女性身體美的姿態，來使「純粹逍遙」的意義內涵得以出場；又如筆者於2016年創作的《煙沒》，以武術劍法技法來舞蹈長巾，發展長巾的新技法，成為《煙沒》的符號系統，快速旋動的長巾，在空中瞬時速變，難以捉摸掌控之美，使其千思萬縷的思緒狀態的意義內涵得以出場。在「意物象」層次裡，舞者必須與創作者共舞、必須與相映之「物」共舞、必須與其他舞者共舞、必須與燈光變化共舞、必須與音樂節奏共舞、必須與身著之服裝特性共舞。共同建構出相映的民族舞蹈符號系統，在這樣的符號系統裡有著創作者的身體反映、舞者自身的身體特質的反映，相互探觸創作盲區中的身體反映，互感著、交織著、解構著、建構著作品的符號系統。

> "在場"本身就表明"不在"，一種本源性的缺乏，凡是"在場"的其實都是不在的替代品，"在場"的權威性因此被流放到不在的無限性的空間。[86]

創作作品的符號系統在解構與建構的循環之中被完成，其符號系統有如文字、語言般地功能，使作品意義內涵成為可感可見的在場，但這仍僅是指向的作用而已，並非創作源始之身體感的意義內涵本身。Jacques Derrida 言：「我堅持認為文字或 text 無法還原到書寫的或字面的，可感的或可見的在場」，[87]「text 從不是由符號和能指構成的」。[88]

---

86 陳曉明，〈論德里達的補充概念〉，《當代作家評論》，1（2005）：12-23。

87 J. Jacques Derrida, trans, by Alan Bass. Position. The University of Chicago Press, 1981. P.65. （引自周榮勝，〈論德里達的本文理論〉，

作品的意義內涵藏匿於創作文本之中，創作文本來自於創作者自身及舞者們的身體反映，以及其互映、交織的狀態，舞蹈符號是使其出場被呈顯的媒介，並不是意義本身。就如筆者創作的《煙沒》，其長巾的高度技法舞動長巾使之成為一種速變的符號，用以象徵其思緒瞬變即逝不可捉摸之意義，但長巾並非思緒，是象徵思緒的「物」，此「物」仍需有舞者高度的身體技能來舞動之，方能達致其象徵的作用。從另一視角而言，長巾是一具體之「物」，此具體之「物」能呈顯出何種樣態的舞蹈符號，端視舞者的身體技能而定，端視創作者的創作構思而定。長巾能否在空中瞬速的產生旋動的變化樣態，得依賴舞者高度的身體技能，使得長巾能呈顯出在空中瞬速變化樣態，筆者認為藝術是由技術堆疊積澱而成長期創作實踐裡，重視舞者的身體技能的成熟度是不可或缺的。丞舞製作團隊的行政總監亦曾表示：「現在在整個國際舞壇上，仍是技藝是基礎，每一個舞者都是自主性的不斷地增進自己的能力」，[89]舞者與「物」或與「他者」共舞，是需要高度的身體技能來完成作品達致藝術的層次。

　　創作歷程中不斷地解構符號，被解構的符號分裂成數多的分支，部分的分支又被建構起新的舞蹈符號，部分又再

《北京社會科學》，4（2000）:120-130。）

88 J. Jacques Derrida, trans, by Barbara Johnson. Disse mination. The University of Chicago Press, 1981. P.261.（引自周榮勝，〈論德里達的本 文理論〉，《北京社會科學》，4（2000）:120-130。）

89 2019/07/09，筆者與丞舞製作團隊行政總監許慈茵對談關於舞者技能的議題，這是她在國際舞壇上的觀察。

度被解構產生分支。如此不斷衍化開來，每個被解構的符號，都依然隱藏著原有符號的特質進行新的轉化。「藝術中使用的符號是一種暗喻，一種包含著公開的或隱藏的真實意義的形象」，[90]由於舞蹈符號乃做為一種作品意義內涵的填補而被建構，這一不可見的意涵正是此舞蹈符號被解構又被建構的因素，舞蹈符號使得作品意義內涵得以在場。

　　創作歷程中的「解構─建構─再解構」現象，是使得創作歷程中開放著更多元的契機，使其創作的不確定性更為多元地間離、開展、轉化，創作者與舞者們在原結構產生的間隙與裂離，有著更多可能性的開展契機、轉化原有的身體反映。Jacques Derrida 所言，「解構並不是封閉於虛無之中，而是朝『他者』開放」。[91] 創作場域中的當下是「間離、開展、轉化」的現象，當下的身體反映是活躍的、變異的，亦是「在場」與「不在場」互映、互滲、互感，交織的狀態做為創作文本建構的養分。「意物象」層次，除了與「物」互映、互滲、互感之外，更重要的是與「他者」，也就是與其他舞者的身體互映、互滲、互感，針對這個部分筆者提出「聽勁式觸動」的創作原則與技法，筆者曾接受博士論文訪談時提出並記錄於創作手札中：

　　　　身體力量與動力的傳遞，就如人跟人的互動，人跟

---

90 蘇珊・朗格（Susanne. K. Langer）著，《藝術問題（Problems of art）》（滕守堯、朱疆源譯）。北京：中國社會科學出版，1983，134。

91 德里達（Jacques Derrida）著，《論文字學（De la grammatologie）》（汪堂家譯）（上海：上海譯文出版社，1999），124。

物的互動，這並不僅僅是單純的接觸而已。物極必反，距離是一種美，身體之間的靠近所形成的壓力是一種感受，要正視它。當壓力來時，如何面對與釋放，這跟人生哲理也有一些關聯。所以我很希望對於力量，對於互動的一些想法，融入到我創作裡。把生活中人與人互動的真實感，轉換到舞蹈作品裡身體的互動；「聽勁式觸動」的「聽」，並不是用耳的「聽」，是用身體傾聽而來的一種感受，感受對方的能量如何傳導至他人的身體裡流竄的動能，進而將此流竄的動能引入自己的身體裡，這都有著對方給予的能量，所以要專注傾聽著對方的身體動能與感受。因此，舞者必須有非常強的覺察能力，才能在舞動中去傾聽與感受，舞者必須去體悟身體之間的那種「承」與「受」的空間感，在「承」與「受」當中，不能有絲毫的猶豫。[92]

　　「意物象」的層次裡，舞者們以自己身體感作為立足點與「物」、與「他者」互映、互滲、互感，共同發展出共融的「氣韻」，身體感與身體感產生觸動，發展舞蹈動作，這樣進行「身體感對話」歷程，是筆者發展出的創作技法——「聽勁式觸動」，以此技法互映、互滲、互感來發展出創作作品中的雙人、三人或四人的舞蹈動作。以筆者 2019 年創作《夢蝶》中的三人舞為例，三位主要舞者身著「廣袖」而

---

92 014 蕭君玲創作手札記錄。

舞，其中一段三人相互穿梭於彼此的廣袖所建構起的過往憶痕，撥開他者的廣袖讓自身的身體穿梭於時空憶痕中，亦猶如象徵在夢境之中的稍縱即逝。筆者要求舞者身體反映如過往美好的經歷，一道道、一幕幕地掀起過往的記憶，並沉浸其中。《夢蝶》舞者嚴婕瑄與蔡宜靜在筆者運用「聽勁式觸動」的身體練習中提到：

> 這個段落的練習，關係著筆者、宜靜、佳芳三人如何融合在一起，當筆者屬於被動的角色時，必須非常安靜的體感覺察，從對方的呼吸、身體起伏、動力傳遞的方向來感受訊息產生反應，一切的反應是真實的體感，筆者無法從視覺窺看對方正在做什麼動作，也沒有口語的提示，所有的訊息都是來自細膩且誠實地傾聽。[93]

> 三人的緩強化了脊椎傳導的遞進關係，當我的頭躺至佳芳的胸膛，我感受到佳芳從胸口吐氣後將我推回並覆蓋在我的身上，我開始意識到我關注的並不再是我的身體，而是佳芳的氣息時刻影響著我，包含婕瑄間接以上半身的重量下壓包覆時，三人的空間與視線的縮放在隨廣袖開合之際似乎達到超然的境界，舞動的一致性加劇了心中所感，渾身雞皮疙瘩是投入到忘我後回神所留下的反應，回想起過去

---

93 嚴婕瑄，〈生命軌跡中的行走 ── 《女子新樂園》展演論述〉（臺北市立大學舞學系碩士論文，2020），63。

累積的記憶，如同跑馬燈閃過無數畫面，一點一滴
的人事物，歷歷在目、全然交託且不斷縈繞於腦
海，那一刻汗水和淚水交織於彼此的身與心，從體
悟之境投射至舞蹈表演之境，造就出「身體感與想
像域」的相結合，藉此感動觀者與自身。[94]

　　意義內涵與創作歷程是無限差異化、延展化的歷程，
創作者與舞者們的身體反映不斷地在這樣「聽勁式觸動」的
歷程中轉化，舞者們的身體感在一次一次排練中堆疊著彼此
間的觸動，一次一次的昇華，一次一次地在「聽勁式觸動」
中更融合地共感。以《夢蝶》三人舞而言，時而各自舞之，
時而三人同體同感，這是透過「聽勁式觸動」的練習所蘊涵
而成的。在《夢蝶》三人舞蹈裡，彼此間的身體感是延續且
差異地變動著，三人必須敏銳地覺察自身與他者，相互地依
自身與他者的身體感變化而舞動著，這是一種互為增補的作
用，自身增補了他者的身體感，他者亦反饋地增補了自身的
身體感，如此往返舞之，三人漸能同步同感，融為共感的一
致性。因此，這樣透過「聽勁式觸動」的創作脈絡並無法在
一開始就定下其形式，形式確定性是在彼此的身體感增補歷
程中，不斷地完善形成的。「民族舞蹈作品並不存在著某種
形而上或本源之類的確定性，舞蹈創作作品總是被多元的欣
賞者差異化地詮釋著，這種詮釋即是多元差異且持續的補充

---

94 蔡宜靜，〈《女子新樂園》── 離人〉（臺北市立大學舞學系碩士論文，
　　2020），87。

的現象，也就是『新意』不斷地對『傳統』的補充」。[95]新意源於傳統，在傳統的沃土上滋長，唯滋長的過程受到當下的環境，如空氣、水質、陽光的整體狀態的影響，每個由傳統沃土滋長的「新意」皆有著不同的發展樣態，這在本質上，「新意」解構了「傳統」，建構出自己的樣態。「解構有它嚴肅的一面，它促使我們重新檢視我們的闡釋方法的基礎」，[96]在傳統沃土滋長的「新意」以某種特定的形式來呈顯自身，這些形式以一種補充其意義內涵的角色存在著，我們得以由補充的形式來感知其作品的意義內涵。

創作歷程中因身體反映的差異化延展，使得創作形式、舞蹈符號的發展一直轉化著。但創作的源始意義並不是僵化不變的，其創作意義可能會隨著身體反映的差異化延展現象而有所轉變，創作的意義內涵或許會因此而更加深化，亦可能因此而更蘊涵出美感與哲思。傳統文化為基底與當代身體觀點，二者是雙向的差異化延展現象，並不是單純的因果關係，是一種變動中的互動雙向關係。它會不斷在當代時空裡擷取傳統沃土上的養分，滋長出創作能量，筆者曾在接受博士論文訪談時並記錄於創作手札中提及：

> 關於我的創作的能量、指引、靈感等，有人常問創作中這些豐碩的題材或是動作語彙的發展都是如何

---

95 鄭仕一、蕭君玲，《身體技能實踐的反映與轉化》。臺北，文史哲出版社，2013，188。

96 斯圖亞特・西姆（Stuart Sim）《德里達與歷史的終結（Derrida and the End of History）（王昆譯）（北京大學出版社，2005），64。

發想的，我想這些都與我常常關注當代的身體藝術
或當代劇場的發展有關。這些豐沛的創作想像與來
自於傳統文化的基底，若無當代劇場的豐富刺激來
提點我，我可能將會受限於傳統規範而難以將創作
作品注入新意，也難有新觀念與舞者在編創空間裡
發生共鳴。[97]

　　傳統的沃土積澱著豐厚的文化內涵，其中蘊藏著每個
世代的「新意」，一層一層地積澱著。民族舞蹈的創作，根
源於此傳統沃土，每次的創作在此萌芽、成長、發展，最終
還是會回歸於此傳統沃土，又再一次積澱、再一次豐厚傳統
的意義內涵。關於民族舞蹈創作，既包含著源於傳統沃土的
「根」，也包含著當代多元藝術的「新」，二者無法捨其一而
看待之，此二者是一個整體的概念。

在藝術的理解中，我們是不能排除所有外在的因素
的，如果把不屬於純粹形式的東西都排除掉，我們
無法談論藝術中的意義和真理的問題。在藝術作品
的理解中總是存在著遊戲的可能性、差異的可能
性、不確定的可能性。[98]

　　在筆者的民族舞蹈創作中，一開始的提煉傳統文化元
素，就蘊涵著解構其原有形式的意涵，一旦形式被解構後，

---

97 2014 蕭君玲創作手札記錄。
98 李建盛、劉洪新，〈德里達的解構哲學及其對藝術真理的理解〉，《湖南科技大學學報》，7.1（2004）：8-11。

提煉的元素就有著遊戲的可能性、差異的可能性、不確定的
可能性！因此，傳統沃土的「根」與多元藝術的「新」就在
這些可能性之中，在解構的前提下，在創作脈絡中逐步建構
著另一種藝術形式創造。傳統沃土的「根」使得民族舞蹈的
創作有別於現代舞的無框架；當代多元藝術生態的「新」觀
念則使得民族舞蹈的創作能與當代藝術思潮對話。這二個不
同的向度對筆者的創作實踐而言，均是相當重要且關鍵的。
傳統沃土的「根」在多元藝術環境的「新」的思維當中被解
構、提煉元素，成就創作的意義與內涵，這樣的創作實踐源
於傳統又差異化延展了傳統，本質上就蘊涵著「新」意了。
這二者在創作歷程中即是不斷相映於對方而存在，一次一次
地不斷堆疊著意義內涵，使其創作文本越加地豐厚紮實。舞
者嚴婕瑄在《生命軌跡中的行走－女子新樂園展演論述》論
文中提到：

> 君玲老師的訓練下，舞者們以扎實的身體基本功訓
> 練奠定深厚民族舞的基礎，再結合當代舞蹈的多元
> 身體觀，不斷的累積、打破、重組，讓傳統民族舞
> 的審美與當代舞者的身體融為一體，課程的訓練方
> 式相較於以往多元，除了身體訓練也帶入多面向的
> 思維，激發舞者身心的沈澱思考，在這樣的環境陶
> 冶之下，所醞釀出的身體不僅存在自身文化底蘊又
> 能夠反映當代思維。[99]

---

99 嚴婕瑄，〈生命軌跡中的行走 ——《女子新樂園》展演論述〉（臺北市
　立大學舞學系碩士論文，2020），57。

　　民族舞蹈傳統的「根」在創作時被提煉出某種元素，再依此元素進行創作，這在本質上已然是一種解構的狀態，解構後使其民族舞蹈的創作保留一種純粹的元素，進入一種有著多重可能性的「空境」裡。被提煉的民族舞的元素，可在此空境裡，自由飛舞，自由進出，無有定法，於是乎，創作的自由度被擴展開來，意義可自由自在的深化。創作之初的解構，呈顯出的「空境」，使其創作的藝術思維得以自在飛舞，創作所需形式符號得以依其藝術思維的想像而隨著身體感而創造出新的形式、新的符號。這樣的解構現象有如「禪境」，不著既定形式、不著任框架、不著你我他的主體性，一切以創作場域當下的感悟而隨心舞之。筆者於 2006 創作作品，《拈花》第三幕〈幻境〉，其表現的藝術思維與意義內涵要轉化至形式符號的歷程，在節目冊裡記載著創作歷程之藝術思維的轉化：

　　　　問：「什麼是禪」？答：「能自由進出」、「無有定法」、「舞動的當下」再答：「遊戲」、「專注」、「忘記」，「禪」究竟在何處？在動與靜之間？在虛與實之間？在記憶與遺忘之間？在作品與觀眾之間？在「舞」與「非舞」之間？在生與滅之間……？「禪」與「舞」對我來說，是「幻境」，唯此「幻境」總是生發著真切的作用。是外境引動著心靈，也是心靈幻化著外境。慈悲與智慧是幻境；淨相與怒相是幻生；五毒業力是幻化；生起著、又滅了！在變動之間，禪意到了，化為舞動之身體！

「禪」既不立文字，亦不能言，那又何嘗能「舞」
呢？對我來說「舞」正是不立文字、不言說的「禪
境」！心靈情感的感悟，不言不語，只「舞」！舞動
出對虛幻之境的憾動；舞動出對悠悠自在的探尋。
此次拈花第三幕的編作，藉由刻意的形象塑造，以
「緊、勁、沉」的動作質地，企圖營造一股無明的
氛圍。是佛、是魔、是人，全是心中的顯現。貪瞋
癡慢疑五毒，纏結著「身心靈」，慈悲與智慧的融
合，幻化出金剛般的威攝能量，五毒、慈悲、智慧
皆被化為「空無」，一切僅留存著持續變異的「當
下」。實相非相，幻境亦幻非幻。[100]

　　「空無」則解構了既定的、預設的立場與架構，「空
無」之後的再置入，就是一種無既定、無預設立場的建構，
隨著創作歷程的推進，創作者會不斷地進行著解構、再建構
的循環，傳統沃土的「根」豐厚且多元，本質上就有著「空
無」的特性。因為它不斷的延異，是一種豐厚多元的「空
無」狀態。就筆者的創作實踐經驗而言，傳統沃土的「根」
或許並不是框架，反而會是一種無窮無盡的創作資源，這一
空間裡，隨時隨地信手拈來皆是可以反映於當代藝術想像的
「新」，是一種養分、源流，不斷地提供各種藝術想像的取
材、構思，使得民族舞蹈創作題材豐厚多穎。筆者曾在拈花

節目冊提到:「觀舞之後,或許空無一思,或許頗有感悟,或許百思不解,或許另有想像的時空。期待以一種『空無』視角切入,懸置原有的預設立場,無遮蔽地置入作品,進而感悟作品。由幻相中的『空無』體悟『妙有』的真切作用」。[101]創作歷程中的「解構─建構─再解構」現象,亦是在傳統沃土的「根」不確定性的差異化延展開來,直至作品展演結束後,仍差異化地在觀眾的各種詮釋、討論中繼續延展著。

---

101 臺北民族舞團,蕭君玲 2006 創作作品《幻境》(拈花節目冊,2006.09), 2006/09/30-10/01 臺北城市舞臺演出。

第四章　意 語 象 ──

「隱喻性之流」

　　「言語」，它不同於「語言」，「語言」是一種約定成俗具有邏輯性的符號系統。「我們說出的東西不過是我們所體驗到的對於已被說出來的東西的超出部分」。[1]也就是說在語言表達的同時，他已經加上了表達者的目的性了。因此「語言並不是思想的簡單表象，不僅如此，語言還有其自主性，而且思想還會反過來受制於言語」。[2]而「言語」的表達意涵更多於更富於「語言符號」的邏輯所指性，「言語」有著更深廣的隱喻性意涵，不僅止於符號字面上的意思。

> 　　「言語」則意謂著語言在傳達過程中，被獨特化、
> 解構化的情形，目的在於能更精準地傳達。其實
> 「言語」是在一般語言的規律下，結合許多非語言
> 結構內的符號來增補語言，例如表情、手勢、姿態
> 等，它負責許許難以言傳的技術交流。古云，言下

---

1 楊大春，《梅洛‧龐蒂》。臺北：生智出版社，2003，171。
2 楊大春，《梅洛‧龐蒂》。臺北：生智出版社，2003，180。

之意；只可意會不可言傳。[3]

「意象」的形成，最終仍得透過適切的言語來形塑，適切的言語具有隱喻的效應，促使其主體進行豐厚的意象形塑。「語言」屬於被言說的語言符號；「言語」屬於言說著的語言符號，「被言說的語言是透明的，在它的語詞和它的涵義之間存在著完全一一對應的關係，但言說著的語言卻在傳遞既有的涵義的同時，創造新的涵義，體現為積澱和創新的統一」。[4]筆者認為：

> 被言說的言語可說是舞蹈動作的元素，是較程式性的傳承動作語彙。為言說的語言是依照創作者欲表達的內在之思的創作性動作語彙，它有可能是來自文化的遺傳，與來自生活的感受及歷鍊，它在累積、拼貼、調整至試圖接近心中那模糊、不確定的曖昧意象的同時，意義也因此而呈現。[5]

言說著的語言，具有大於、深於語言符號既定的意涵，因為言說著的語言在「言說著」的動態情境裡，情境的內涵意謂著言說著的語言符號有著與情境相映的意義，因此言說著的語言有著情境意義的特殊性。就創作場域的變異性而言，也就導致言說著的語言符號有著差異化延展的意涵存

3　蕭君玲，《變動中的傳承：民族舞蹈創作的文化性與當代性》。臺北，文史哲出版社，2013，103。
4　楊大春，《梅洛・龐蒂》。臺北：生智出版社，2003，186。
5　蕭君玲，《變動中的傳承：民族舞蹈創作的文化性與當代性》。臺北，文史哲出版社，2013，103。

在，進而影響創作意象的差異化延展。也就是說：言說著的語言符號的差異化延展，乃因情境化的變動，使得創作的意象也隨之變化。從另一個視角來探之，創作意象在作品未定之前，都處在不斷轉化的現象裡，經過無以計數的轉化，最終成為作品的意義，形塑出作品的意境，所以最終的創作意象已然蘊藏、疊加、延展了太多層次，成為一種「言不盡意」的意象內涵，難以言述之。筆者曾與舞蹈家胡民山探討關於意象層次，他提到：

> 有意象→只是一種狀態的存在；有境界→已是一種氛圍的呈出。言→意→道，三個層次，言不盡意 →意不及道 →道不可言。轉向言與道之間的「意」，進入了「言不盡意」、「妙不可言」的無窮意蘊中。所謂「氣質」、「神韻」、「品味」都在此層面上。[6]

言說著的語言符號，其意涵大於且深於原有的意思，相映著創作場域中情境的不同，隱喻性地試圖詮釋那個不斷轉折且難以言述的創作意象，令舞者們能有所互映。因此，「意語象」的層次，其言說著的語言所起著的作用，顯得相當重要。在民族舞蹈創作歷程中，除了身體感的互映、互滲、互感的對話之外，更為重要的是言語的隱喻性與詮釋性的作用了。「意語象」，以言語隱喻的詮釋為主，而這言語隱喻的詮釋，並不單指口語的傳達。它有如無形的能量之流，

---

6 訪談舞蹈家胡民山及其手稿，2019/03/13。

在眾位他者之間幅流[7]著，傳送著、強化能量的交流以及身體感的對話。在「意語象」的層次，筆者依據長期創作實踐而提煉出－「滲入式擬像」的練習，在這個模式裡，其隱喻符號是極為關鍵的元素。

> 「滲入式擬像」，滲入，意指依作品意義所蘊涵的情感滲入身體動作裡；擬，有著「揣度、估量；比照、相比；摹擬、仿效；比劃、起草、編寫」之意；像，則有著相似性、形像化的意思。[8]

「滲入式擬像」，筆者在創作場域裡，總是希望舞者能放掉以往習慣的身體運用方式，能以一種全然開放的身體去感受筆者給的言語引導，這言語是一種隱喻式的引導，在過程中必須非常敏銳的覺察舞者細微的身心變化，再觀察舞者舞動的同時，同時給予適當的隱喻注入舞者的意象裡。

> 在筆者的創作經驗裡，透過「意語象」的隱喻式言語詮釋引導，以建構出與作品相映的內在質感，將「意語象」的隱喻滲入到舞者的身體感裡而舞蹈，這一直是筆者相當重視的，也一再關注的重點，舞蹈要舞出真實的「美」，要先有內在的情感才能真實地控制舞蹈動作。以隱喻式言語詮釋引導舞者不要以身體慣性形式來舞動，這是相當有成效的，舞者

---

7 幅流，意指能量非特定性的擴散地、幅射地在眾位他者之間流轉著。
8 鄭仕一，〈再建構的創作憶痕 ── 胡民山、蕭君玲之民族舞蹈創作歷程分析〉（臺灣師範大學體育學系博士論文，2014），135。

的身體感也會逐步地由內而外的舞動，身體感被滲入的是一種對隱喻式言語詮釋的「感應」，創作者的身體感應了，就必須要使舞者的身體感也滲入相類似的「感應」，這是「身體感對話」的狀態之一，如此舞者較能真實性地舞出作品所蘊藏的意義。[9]

　　「『言語』則意謂著語言實踐過程中，被獨特化、解構化的情形，目的在於能更精準地表達其所思所意之事」，[10]「『意語象』，以言語隱喻為主，是針對作品意義所做出的言語的詮釋，這詮釋透過隱喻式的言語來進行『身體感對話』」，[11]尤其在民族舞蹈創作歷程中的「言語」脫離了原有符號的既定概念，重新聯結著新的意向內涵，驅駛著創作歷程中的舞者身體產生質變，以特殊言語的隱喻性意涵注入身體，解構了原有的身體感，成為質變的他者。例如筆者2019 年幫大四民族主修排畢制《香讚》時，開場的一幕為右後舞臺一群舞者雙手上舉舞蹈著，象徵煙絲飄渺之境，最初排練時舞者僅是很慣性地、很制式的搭配著敦煌舞的手姿舞動著身體，在幾次的排練後仍然不到位，於是筆者使用了言語的隱喻性向舞者詮釋這段舞蹈的身體質感：想像各位現在在深水之中，身體猶如深海裡的水草，隨著波流而擺動，

---

9 蕭君玲，〈蕭君玲民族舞蹈創作實踐經驗的敘說 ── 對話中的意象〉，《臺灣舞蹈研究》，13（2019）：1-28。
10 鄭仕一、蕭君玲，《身體技能實踐的反映與轉化》。臺北，文史哲出版社，2013，49。
11 蕭君玲，〈蕭君玲民族舞蹈創作實踐經驗的敘說 ── 對話中的意象〉，《臺灣舞蹈研究》，13（2019）：1-28。

其擺動速度、張力會因水流速度、水的阻力而呈現不一樣的身體質感，有快慢螺旋現象，每位舞者皆是處在相同情境的個體，所以身體的擺動、手姿的舞動，皆會有所連動，但速度、角度皆因水流接觸的時間與空間點而產生同質不同速的舞動飄移。在這樣的言語隱喻性地詮釋後，舞者的身體成為質變的他者，言語的隱喻之流產生了一種能量，幅流於彼此的身體感之中。創作場域裡創作者如何運用適當的舞者可感的意象，滲入到舞者的意象裡，這當中的對話是相當重要的。

> 「身體感對話」在創作場域裡，以敏銳的直覺做為觸角，不斷地保持高度的敏銳，尋找相映且契合的「身體感對話」。在這過程之中，最重要的就是「意語象」的隱喻式言語詮釋，這類的隱喻式言語詮釋或許來自於創作者的比喻引發的想像、或許來自於創作者的身體語言、或許來自於舞者們的身體反映、或許來自於彼此間身體舞動的質變、或許來自於服裝道具的效應、或許來自於對音樂的感受性等等。這些隱喻式的言語詮釋在創作場域的時間脈絡裡，質變的留下不可見的痕跡，它在「身體感對話」發生作用，它使身體感質變了！一旦身體感質變了，即會顯現在舞蹈形式上，呈現出不同質感的舞蹈動作！[12]

---

12 蕭君玲，〈蕭君玲民族舞蹈創作實踐經驗的敘說 —— 對話中的意象〉，

　　「『言語』在身體技能實踐過程中是極為重要的，它負責許多難以言傳的技術交流」，[13]在創作歷程中，言語隱喻的詮釋在不同的主體理解、感知、反映都會有所不同，差異化延展是存在著的，這些差異化延展亦會回饋至言語隱喻的詮釋所蘊藏的意義內涵，進而使其轉化。Jacques Derrida言：「交流永遠都會有鴻溝，在任一點上，意義都不會完整地呈現和在場。相反，應當把意義看作是一個持續變化的過程，當一個詞語被使用的時候，意義從來不會全部出現，它總是與自身有所差別，同時從任何意義的實現處延宕開來」。[14]筆者在 2017 年創作作品《逍遙》時，曾運用一條線吊著一顆球擺盪，這顆球來回擺盪有著離心力、地心引力、還有重力加速度。用這意象擺盪來隱喻引導使舞者其產生擺盪的意象，從意象出發進而影響雙手甩動擺盪身體的動作，使其身體的質地有著自在且有重量感。運用一條繩子吊著一顆球擺盪，這在一般情境下的意義，是與舞蹈的身體無關聯的，也就是一條繩子吊著一顆球擺盪，然而，當它被使用了，這樣隱喻的符號置入了筆者創作的情境裡，其意義就顯現，並且進一步改變了舞者身體舞動的質地。這是筆者長期創作所使用的一種技法，透過言說著的隱喻，創造出一種能

　　《臺灣舞蹈研究》，13（2019）：1-28。

13 鄭仕一、蕭君玲，《身體技能實踐的反映與轉化》。臺北，文史哲出版社，2013，50。

14 斯圖亞特・西姆（Stuart Sim）《德里達與歷史的終結（Derrida and the End of History）（王昆譯）（北京大學出版社，2005），67。

直接滲入舞者身體感裡的意象 ——「滲入式擬像」。以下是
筆者在創作時的經驗敘說紀錄：

> 身體的擺盪要能鬆弛且還要有勁道，身體的擺盪要
> 與地心引心共舞，當雙手擺盪而上時，留給地心引
> 力把雙手盪下來，所以此時不需要有多餘的力量去
> 控制，再接續盪下來的能量發勁上甩，如此方能達
> 到一種逍遙的「鬆勁」！經過這樣的隱喻言語的詮
> 釋引導，舞者的身體擺盪置入了地心引力的「意
> 象」，亦置入了既鬆弛且有勁力的「意象」。在筆者
> 的民族舞蹈創作場域中，其「身體感對話」是多元
> 化的、即興的、直覺的、敏銳的，其創作的作品意
> 義的確立也是這個「意語象」層次得到完全的形
> 塑。[15]

　　上述 2017 年《逍遙》的創作場域裡，筆者以言語詮
釋：當手臂擺至最高點時，配合地心引力的作用將手臂盪下
的瞬間，必須配合吐氣及膝關節彎曲的彈盪之力，以達致全
身的一種「鬆勁」質感表現。全身甩手擺盪的舞動必須表現
出一種相當「鬆弛有張力」的狀態，這在舞者們的身體感裡
必須要有明顯並且以意識焦點的狀態存在於意象裡！整個舞
蹈的身體感裡，身體自然而然的擺盪，鬆弛到一種似乎會自
主擺盪的舞動狀態，這是一種以強力的意念為主的舞動，是

---

15 蕭君玲，〈蕭君玲民族舞蹈創作實踐經驗的敘說 —— 對話中的意象〉，
　　《臺灣舞蹈研究》，13（2019）：1-28。

一種用意念而舞，身體隨意念而舞的現象，這種鬆弛之勁在
於用意不用力，以內在意象為焦點，身體肌肉鬆弛擺盪，呈
顯出另一種「美」。關於用意不用力的鬆勁，舞蹈家胡民山
曾提到：

> 用意不用力，是太極身法的不二法門。
>
> 這意的驅使，是鬆、緩的適意，是極微的輕控(極控
> 制)。
>
> 由靜入門：
>
> 意讓肌肉放鬆，輕起輕落。
>
> 意引領尾閭(中正)和外三合(手與足、肘與膝、肩與
> 胯)。
>
> 用意主宰著腰胯，留心在腰胯 (丹田)。
>
> 由鬆入柔，讓氣血循環(灌注全身)。
>
> 用意於轉關處，「肉無骨」的檢視自己不同姿勢及在
> 轉關處是否靈活柔順。
>
> 用意在節節的貫穿，體會主宰於腰、根在足而形於
> 手之路徑。[16]

　　透過隱喻性的言語來達到一種「滲入式擬像」的效
應，使舞者身體的各種敏銳的感知都滲入了來自意象的引
力，「意語象層次，以隱喻式言語詮釋作品意義與動作舞姿
之間的意義關係，以及動作形式所傳達的涵意，隱喻式言語

---

16 訪談舞蹈家胡民山及其手稿，2019/03/13。

詮釋使得身體感獲得一種『滲入式的擬像』」，[17]例如筆者在
2018 年創作《逍遙 II —— 唯醺》，在將近一年的創作歷程
裡，筆者在晚上常以半醉半醺的狀態探索著唯醺的身體感，
在藝術想像的空間裡探尋著相映的隱喻式符號，經過不斷探
索、試驗、提煉，每每在具有醺意的狀態下，原有的身體慣
性被解放了，身體在失控與控制當中，身體感有了新的體
會，一種以往沒有的自由感，如此反覆試驗，終發展出《逍
遙 II —— 唯醺》獨特性控與失控及鬆垮之美。在後續的創作
場域裡，筆者運用隱喻符號來引導舞者們的身體感，創發相
映於作品的意象，成果是相當有效的。

> 「意語象」隱喻式引導，是會受到每次創作場域的
> 不同狀態與衝擊而不斷地作修正，隱喻式言語詮釋
> 亦不斷發展，「身體感對話」不斷地推行著，直到碰
> 撞到最適切的詮釋，包括詮釋的言語、詮釋的舞蹈
> 動作、形式畫面、服裝道具的運用與舞台設計的互
> 映等等。[18]

創作歷程中言語的交流，從創作者使用隱喻性的詮釋
開始，舞者們的身體感即開始轉化，舞蹈符號所蘊涵的意義
也就開始延宕開來了。「他者」在創作歷程中有其自主的自
由度，用以理解、感知各種言語隱喻的詮釋，隱喻性的言語

---

17 蕭君玲，〈蕭君玲民族舞蹈創作實踐經驗的敘說 —— 對話中的意象〉，
《臺灣舞蹈研究》，13（2019）：1-28。
18 蕭君玲，〈蕭君玲民族舞蹈創作實踐經驗的敘說 —— 對話中的意象〉，
《臺灣舞蹈研究》，13（2019）：1-28。

能量幅流於各個身體之間，呈顯出與原本不同的質化。例如
上述提及《香讚》某段落有如在水中的水草擺動的姿態來隱
喻地創發舞者們身體感的質變，如此產生了身體張力，身體
質變的狀態是符合創作者的內在意象。這是透過言語的隱喻
性詮釋的作用──「意語象」。

> 「意語象」，在民族舞蹈的創作歷程裡，不僅要考量
> 自身對傳統文化內涵的吸收與領悟，也必須真實地
> 接受身處當代環境的種種發生在身體的感應，這二
> 種看似對立狀態的思考，在創作者的身體感裡衝撞
> 著，通常亦因此可能會令許多創作上的新意發芽。
> 然而這些新意的發芽會在創作者的身體感中發酵，
> 生發反映的狀態。[19]
>
> 筆者常將創作的空間切割成二個區塊，一個是外顯
> 的直接感受，另一區塊是較私密、隱約的內在空
> 間。在這些元素中，筆者最能掌握的就是「舞者」
> 的身體特性，筆者會依照不同舞者的身體特性去發
> 展不同的隱喻引導及動作發展，筆者會試圖告訴並
> 引導舞者，貼近摹擬創作者內心想像世界裡的「身
> 體感」是什麼？是在什麼樣的場景裡發生的，以及
> 舞者受到創作者的引導後的想法及生發出屬於他們

---

19 蕭君玲，〈蕭君玲民族舞蹈創作實踐經驗的敘說 ── 對話中的意象〉，
　《臺灣舞蹈研究》，13（2019）：1-28。

自身的「身體感」。[20]

　　筆者在創作中始終認為將作品的核心意涵，透過各式的隱喻性詮釋言語令舞者們的身體有所共感，使其作品的核心意涵與舞者自身所具有的舞蹈經驗、生命經驗作一融合，更進一步生發出屬於舞者個人的且能反映作品意涵的意象，這一環節在創作歷程中顯得極為重要。由作品意涵為源點，透過創作者的言語詮釋，在不同的舞者身體感中延展出差異化的共感，一種相似又相異的共感，舞者再以此共感，共織出作品整體的結構，並反饋式地豐碩了作品原有的意涵，滲入了眾位他者的相似又相異的共感，在作品裡共震地舞蹈著。因此筆者曾提出「滲入式擬像」的論點，就是源於上述雙向式的反饋現象，就筆者創作經驗而言，滲入式擬像能有效地融合出一種與作品意涵相映的「身體感」，是屬於創作者藝術思維及舞者身體經驗在作品意涵中的融合。這必須透過有效的言語隱喻式地詮釋，方能達致良好的融合意象，這是「意語象」的現象。當筆者要把創作作品的意涵詮釋出來時，必須要考量當下創作現象場中的空間點與時間點的狀態，如何才能詮釋到位，使其生發「滲入」的效應，這是創作者極難的挑戰之一。言語的隱喻性詮釋在於運用多元且適合各個不同舞者的感悟狀態，多元地以言語所能呈顯的方式，包括敘說、身體示範、生活經驗中的譬喻、相互觀摩等

---

20 蕭君玲，〈蕭君玲民族舞蹈創作實踐經驗的敘說 —— 對話中的意象〉，《臺灣舞蹈研究》，13（2019）：1-28。

等，方能使源於作品意涵的延展「滲入」差異化的舞者身體，並生發相映的共感。

基於上述，本章以「意語象」為主，探究隱喻之流的能量現象，「意語象」的對象是舞者，同時隱喻之流的能量亦為重要，隱喻符號的運用仍得端視創作者的知識轉化能力，因此本章接下來將以「主體間共映的自由度」、「隱喻之流」、「創作者的知識轉力」分三節來深入探究之。

第一節 主體間共映的自由度

創作歷程中，舞者有其主體的自由度，創作者所傳達出的訊息，舞者以其主體所能體悟到的來進行詮釋，這部分創作者僅能精細觀察舞者身體的種種反映，來推測其是否能與創作者的創作意涵相契合。美學家蔣孔陽認為，「必須人類的各種感覺器官變得自由了，然後才能創造出自由的美的形式」。[21] 在創作場域裡，各主體間有著必然的自由度，舞者是創作當中最重要的媒介，是一個有意識的獨立個體，讓其保留獨特性與自由度是創作者對舞者必須給予的空間，這主體間共映的自由度，會碰撞發展出「新意」，這亦是傳統文化傳承過程中必然有之的變異轉化的現象。

---

21 蔣孔陽，《蔣孔陽全集 卷三》。合肥：安徽教育出版社，1999，213。

> 傳統身體文化的規律是順應社會思潮而不得不進行
> 改變的！完整地想在實踐之中保留傳統是不可能
> 的，原因在於每一次的實踐之中，都存在著主要的
> 差異性：空間的差異性、時間的延緩性及他者的詮
> 釋性。[22]

　　各主體間共映的對話成為創作歷程中的重要關鍵，舞
者在創作歷程中所受到的訊息，一方面延於自身的藝術想像
能力、身體經驗等，一方面又受制創作者之言語的引導，這
二股力量在舞者自身內在拉扯著，創作者得從每一次實踐中
舞者表現出的身體狀態，來作為是否與創作者內在意象相符
的判斷依據，所以創作者必須具有敏銳的思維與判斷力，從
不斷的對話實踐中達到相映的意象。這類相映的意象在本質
上是處於自由狀態，在這一自由狀態裡各主體間的共映有著
相互增補與拉扯的現象，最終漸趨一致。

> 舞蹈意象是非確定性的、斷裂的，這種不在場的書
> 寫，使得在場的舞蹈身體符號生發了符號的功能，
> 傳達了部分創作者的藝術之思。部分的傳達與播撒
> 又引動了「他者」(欣賞者、舞者)更廣闊的想像與詮
> 釋，這一詮釋的自由度是廣闊不受限制的。[23]

---

22 鄭仕一、蕭君玲，《身體技能實踐的反映與轉化》。臺北，文史哲出版
　　社，2013，7。
23 鄭仕一、蕭君玲，《身體技能實踐的反映與轉化》。臺北，文史哲出版
　　社，2013，177。

　　作品的意義最終也是透過與舞者及觀眾的對話堆疊出來的，創作歷程中言語的隱喻性詮釋源於創作者的藝術想像，創作者自身仍得有較強大的轉化能力，將屬於隱晦不明的藝術想像，透過適切的言語、隱喻性的符號、比喻來建構「意語象」層次裡的舞蹈意象，使得舞者們的身體感能較同一方向趨近，使其身體狀態的質變趨向一致。這樣的舞蹈身體狀態的一致性是筆者民族舞蹈創作時常要求舞者們的大原則，若無法由內而外地將身體舞蹈趨於相同質地的一致性，那麼就無法聚焦，無法達致內外和諧，易流於外在形式、姿態、動作的比劃而已。創作者的藝術想像是在廣大的傳統沃土上自由開放地吸收來自於感官、知覺的反映，各類傳統文化的元素融入當代藝術思維的空間裡，發展出的樣態。

　　上述所提在創作歷程中，創作者與舞者們的身體反映處於純然的自由狀態，再依循創作者言語的隱喻性詮釋逐漸趨向一致化，以相映於作品的意義內涵。以筆者創作經驗而言，每個創作作品都蘊涵著一種感悟，或許是對當代社會的反思，或許是來自於創作者個人的生命經驗的反思。蘇珊・朗格(Suanne. K. Langer)指出：「一個舞蹈表現的是一種概念（conception），是標示感情、情緒和其他主觀經驗的產生和消失過程的概念，是再現我們內心生活的統一性、個別性和複雜性的概念」。[24] 筆者長期創作以來的作品，每個作品都會依據當時的舞者身心狀態而運用不一樣的言語的隱

---

24 蘇珊・朗格（Susanne. K. Langer）著，《藝術問題（Problems of art）》（滕守堯、朱疆源譯）（北京，中國社會科學出版，1983），7。

喻，「舞者經由編舞家不斷的隱喻引導下，在生命經驗中透過內隱知識與符號的想像，在經過想像域發生知識轉化的過程中，逐步建構出自我對於舞蹈作品的詮釋與意義」，[25]隱喻符號的運用與選擇都是為了適切地傳達創作者的藝術想像內涵，轉化出創作者的審美內涵、美的感應等等。美學家蔣孔陽認為，「以藝術作為美學研究的主要對象，事實上是對人類審美意識的物化形態，進行歷史的和現實的研究」。[26]

　　創作歷程中，舞者的身體是作為主動觸碰與被觸碰的身體、是看與被看的身體，不論是觸與被觸或看與被看，都將實質地影響著舞者們或創作者的身體反映，身體反映當下是新舊經驗交織的狀態。「身體是做為觸與被觸、看與被看、一種反射回響的場所，透過它，將自身關聯於某種不同於它自己物質團塊的能力，將它的迴圈連接上可見者，連接上外在的感覺物的能力才會展現出來」。[27]舞者們彼此內在的身體感透過互動、互觸、互視的方式來使其強化、轉化為舞蹈符號，並能共映內在的感知。亦逐漸將差異化的身體反映趨向一致的共震與共感，使作品的情感張力能因共震、共感而產生較強的渲染力，令觀者有所感。

　　在筆者的創作實踐經驗的歷史脈絡裡，為使民族舞蹈的創作保有新風格，筆者慣用—「聽勁式觸動」與「滲入式

25 顧家蓁，〈從表演者觀點探究蕭君玲的民族舞蹈身體訓練〉（臺北市立大學舞學系碩士論文，2019），81。
26 蔣孔陽，《蔣孔陽全集：卷三》。合肥：安徽教育出版社，1999，41。
27 梅洛・龐帝（Maurice Merleau-Ponty）著，《眼與心（L'Ceil et l'Esprit）》（龔卓軍譯）（臺北，典藏藝術家出版，2009），35。

擬像」的技法來達致主體間的共映，令彼此消解自我，與之
共舞之舞者的身體反映又會反饋地滲入回到自身的身體感，
彼此互映、互滲，又能彼此保有自身身體感的共映的自由
度，至於會發展出哪種樣態的舞蹈形式，這在一開始是有著
互滲共映的廣大自由度與未知不確定性的。「聽勁式觸動」，
舞者相互觸動彼此的身體舞動，順勢、順力、給力、借力、
共力、共感，以此技法來使其舞者們的身體感能相互融滲，
互滲以共同擬像，發展出共感的舞蹈符號。例如筆者 2006
創作《倚羅吟》作品當中有很多雙人舞、三人舞的互動，即
是以「聽勁式觸動」與「滲入式擬像」發展而來，其動作發
展的內涵在於：彼此相知相惜、互相競爭、爭寵鬥艷的矛
盾心態。「在 2006《倚羅吟》作品，是以漢畫像磚為創作
意象為出發，以一把矮圓凳，代表地位的象徵，表現漢代舞
伎們彼此相爭又相惜的複雜情感」。[28]

> 樊香君的碩士論文提到：蕭君玲編創的《倚羅吟》
> 由「台北體育學院舞蹈系」學生演出，她將 2000 年
> 在大陸所學的「漢唐古典舞」，經六年沉澱、累積
> 後，以彈、盪、擺、搖等幾個基本動作元素，透過
> 當代舞蹈的身體實驗方式，重新尋找舞蹈的動力發
> 展，生發出令人眼睛為之一亮的清新作品，表現從
> 古至今「女人何苦為難女人」的後宮爭寵情節，以
> 及「高處不勝寒」的人生體悟。其畫面結構的處

---

28 蕭君玲，《中國舞蹈審美》。臺北，文史哲，2007，133。

理，則與中國繪畫與畫像磚息息相關。[29]

　　舞者們彼此間身體的觸動感，能互滲引發不同的身體反映，發展出具有共感的舞蹈符號，不同的舞者之間發展出不一樣的雙人舞、三人舞、四人舞，同時彼此間的身體感互觸、互滲等等。「聽勁式觸動」與「滲入式擬像」在筆者的創作技法中是常用且重要的，例如上例的《倚羅吟》作品中女人們的身體觸動、身體感互滲發展出的雙人舞、三人舞正好相映於女人們相知、相惜、相爭的作品內涵。「聽勁式觸動」，「聽」是用身體整體感知去傾聽對方的身體動態、肌肉張力、身體曲線、呼吸韻律等等，將對方的身體狀態反饋滲入自身的身體感裡，同時也將自身的身體感滲入對方的身體裡。整個身體感敏銳地感知著彼此的身體狀態，或是隨順而舞之，或是對抗而舞之，或是互滲共感於同一曲線而舞之，或是補滿彼此之間的空隙而舞之，多元化的開放空間，全依彼此間的身體感依循創作者要求的民族舞蹈之「韻」而互舞著，所以，亦可將「聽勁式觸動」與「滲入式擬像」稱之為「民族舞蹈即興」。

　　　　當代新興舞蹈形態的即興概念在國外及台灣行之有
　　　　年，在觀念、邏輯、推衍的思想解放之，引發了一
　　　　股風潮。創新儼然成為舞蹈界最重要的訴求之一。
　　　　民族舞蹈也講究新意，但並不是套用。其實中華文

---

29 樊香君，〈神‧虛‧意‧韻：蕭君玲的當代民族舞蹈美學探究〉（臺北
　　藝術大學舞蹈理論究所碩士論文，2010），54。

化太極推手早有此概念。推拉、順勢、借力找到最
省力的方式做最自然且最極限的發生可能性，感受
最真實能量的竄流。這概念式的提醒及解放可以提
供民族舞蹈動作及形式的質變，使民族舞蹈的創作
得到很大的開放性，對於肢體的形式較不流於一般
形態，而較能覺察空間當中的氣流與身體動作能量
的關連性，身體與動作重量、起動點的細微覺察，
以及動作表現當中的內涵性與文化性。這些重要觀
念是民族舞蹈在當今社會中保有自身歷史文化特性
的重要課題。[30]

　「聽勁式觸動」與「滲入式擬像」在創作歷程中必須
全然地關注與之互動的另一主體，將自身融入，互相滲透，
以觸覺感官為基礎，感受對方的反應，在接收與反應中作出
決定，在互滲的過程中加上民族舞蹈的韻。筆者在 2019 年
創作《夢蝶》其中有一段落為三人舞，三名主要舞者排列重
疊向順時鐘方向內旋，三人身體要緊密互滲地以相同節奏呼
吸，共感共震地往螺旋核心向下壓擠緊縮，用以象徵旋入夢
境之意。

　舞者們身體之間的對話，身體的張力、曲線、動線形
成一種對話的言語，一種正在被言說著的言語，透過舞者身
體的互觸與互滲來創造、詮釋出「意語象」層次裡的舞蹈意

---

30 蕭君玲，《變動中的傳承：民族舞蹈創作的文化性與當代性》。臺北，
　　文史哲出版社，2013，32。

象，如上例《夢蝶》之三人旋抱的舞蹈符號象徵旋入夢境，不知夢境是真實或虛幻，不知身已處夢境的狀態。「聽勁式觸動」與「滲入式擬像」以一種特殊的非語言式的言語，隱喻式地來共感彼此間的身體反映，互映、互滲、互感而舞之。

在長期的民族舞蹈創作實踐中，這兩種創作技法有效地使得原本制式的民族舞蹈套路的形式，在主體自身融入其他主體的身體感裡而轉化延展了，身體質變使得主體非再是單純的主體，以上述《夢蝶》三人舞段落而言，三人互映、互滲、互感所發展出的螺旋舞蹈符號，已然質變了每一舞者的身體反映，在旋抱下沉的身體反映裡，是三名舞者身體感的融合表現，以此強化地表現出夢境的虛幻旋力，難以區分夢境、實境之別的下沉，漩入夢境中，所有的過往經歷一幕幕的畫面相繼出現映入。「聽勁式觸動」與「滲入式擬像」二種創作技法有，因為他者而化解了主體慣性的身體反映，使得主體必然得將其他舞者的身體反映滲入自身，自身亦得懸置慣性以滲入他者。在創作歷程中，筆者曾在排練場域中對舞者們說：讓身體的感知放到最大、最敏銳的狀態，感受彼此之間身體動作發生的動力與質感，與之發展對象身體動力的起動點，肌肉張力、力量的輕重方向，身體重量的控制等等之間的關係，從視覺觀看、聽覺音聲、呼吸質地、肌膚觸感等，這些都要保持高度的敏銳來體察。

上述這樣的言語詮釋，隱喻性地將舞者們的身體感知帶到一個敏銳覺察的狀態，創發許多不同於以往慣性的身體表現模式，由此新的身體感融合舊經驗的身體感來發展舞蹈

符號。然而舊經驗的身體感除了具有自身舞蹈經驗之外，也包含著社會化的過程。然而，這樣複雜且滲入著眾多主體在自身的身體感，往往在創作場域裡的某一刻，會綜合性地選擇某一身體反映來成為出口。一位優秀民族舞蹈舞者顧家蓁在碩士論文中提到的經驗：「舞蹈中的身體是一個極富彈性以及敏銳度的身體，在舞蹈的過程中舞者藉由一次次不斷的重複經歷，去一遍遍確認那個舞蹈中的 『感』」。[31]

> 「感」是所有的身體感知凝結在一塊的狀態，並由此舞動著身體，探索作品裡的「意義、形式、動作」。它是一種在創作及訓練舞者過程中身體的感應，在民族舞蹈創作中是人的身體在生理及心理的一種對 「境」的感應，這是創作及排練過程中的直覺感受。它可以是人與人、人與物來解析，人與人來自於創作者與舞者、舞者與舞者、舞者與觀眾之間的互動。[32]

　　各主體間的身體感書寫的痕跡，自我被他者所呈顯出場，他者亦被自我所呈顯出場。一種不在自我、不在他者，而在之間的隱喻符號，自我與他者因此隱喻性符號而共同趨近，並在此隱喻性符號中產生互映、互滲、互感。

---

31 顧家蓁，〈從表演者觀點探究蕭君玲的民族舞蹈身體訓練〉（臺北市立大學舞學系碩士論文，2019），80。
32 蕭君玲，《變動中的傳承：民族舞蹈創作的文化性與當代性》。臺北，文史哲出版社，2013，47。

> 身體意象的心靈書寫並不以另一個中心主義的東西
> 來替代另一個中心主義，這樣的心靈書寫是在與他
> 者的種種差異關係中互動而虛擬出來的身體意象。[33]

　　「意語象」的言語隱喻性的對象就在是創作場域中的
他者，尤其以舞者為最主要對象，舞者是最需要透過這樣的
隱喻來觸發舞蹈的意象。「身體藝術的書寫是存在於與眾多
他者的交互關係中刻劃出蹤跡的」，[34]民族舞蹈創作源於文
化所積澱的傳統沃土，在傳統沃土上刻劃出新的蹤跡，然後
再度積澱融入文化的傳統沃土裡。創作者與舞者的身體感這
內在的感知在創作歷程中欲表達時，就會有自身選擇的「賦
形」方式，各自選擇有所不同，創作者就必須由舞者各個的
內在身體感開始，以「意語象」的言語隱喻性詮釋來趨使舞
者們的身體感共同化，再將各個不同的「賦形」予以共同化
的處理，以相映於作品的意義內涵。「形式，以其規則性，
突出地表現為與個體感性相對立的理性性質，是為"形式理
性"。形式理性，正是人文科學的普偏性之所以成立的理
由。因為有了它，文化才有了普遍性，可交流性，可傳遞
性」。[35]每個舞者的身體感蘊涵著差異化，因此每個舞者的
「賦形」亦具有其特殊性，創作者重要的是在創作歷程裡發

---

33 鄭仕一、蕭君玲，《身體技能實踐的反映與轉化》。臺北，文史哲出版
　　社，2013，281。
34 鄭仕一、蕭君玲，《身體技能實踐的反映與轉化》。臺北，文史哲出版
　　社，2013，284。
35 畢芙蓉，〈意象、風格與形式-卡西爾形式理性說與中國古代意象說、
　　風格論〉，《理論學習》，7（2000）：48-50。

現、善用其舞者的身體賦形的特殊性，並思索與其創作作品
意義內涵的相映度。舞者身體的「賦形」呈顯出自身的身體
性，在創作歷程中舞者是以當下的身體性存在於作品裡，而
非僅是一個身體的形式出現在作品裡。海德格爾
（Heidegger）認為：「我們並非"擁有"（haben）一個身
體，而毋寧說，我們身體性地"存在"（sind）」。[36]「意語
象」在創作歷程中引發著舞者們的身體性地存在作品中，互
相交織著，並予以「賦形」以表現在舞蹈符號裡。「隱喻是
建立在事物之間可互相轉化和互相關照基礎上的，它們之間
的審美價值來自於其中的張力」，[37]就筆者的創作實踐經驗
而言，內在深邃的身體感是極需要言語隱喻性的詮釋的張力
來使之「賦形」，因為不同的舞者其內在身體感之間有著差
異，這在創作歷程中往往蘊涵著許許多多超乎預期的呈顯，
同時，由內而外的「賦形」過程，能引動舞者不可敘說的內
隱經驗，身體感湧現於「賦形」歷程中，使其舞蹈符號蘊藏
情意，情意與技藝就形塑出作品之「境」！「就身體經驗所
引生的種種感覺（sensation）和感受（affection）而言，如
果不限制在一般心理學的理論思維中，而強調感覺本身作為
事件與不透明狀態來看，身體經驗常具有不受拘束、無法綜
合、流動不居的特質」。[38]因此，創作者只能透過舞者們由

---

36 海德格爾（Heidegger, Martin）著，《尼采（Nietzsche）》（孫周興
　譯）（北京：商務印書館，2002），108。
37 王炳社，《隱喻藝術思維研究》。中國社會科學出版社，2011，61。
38 龔卓軍，《身體部署：梅洛‧龐蒂與現象學之後》。臺北：心靈工坊文
　化，2006，7。

內而外的「賦形」來獲得感知。由於身體經驗的不受拘束、無法綜合、流動不居的特質，創作者在創作場域裡，為了使各個不同的舞者的身體經驗產生共感，為了促使舞者們與創作者的共感有所趨近，就筆者的長年的創作經驗而言，透過言說著的隱喻言語是最佳的途徑之一。

> 隱喻的事件與身體所要表現的質感之間存在著某種相互連結的張力，筆者 2011 年創作作品《流梭》中那個來自於文化想像的時空穿越的身體感，舞者是來自於古文化中又神秘又隱匿的意象，穿越凝結力強大的張力，有如在一個有著極大壓力的空間中行走，動作是緩而張力不斷呈現的狀態，就像在海中行走一般，有著水的壓力與阻力，必須藉助不斷產生的張力來對抗壓力與阻力，因此就形塑成不同時空的切割立，有著穿越時空的穿透感。穿越時空與在海中行走這二者之間，透過隱喻的連結，呈現出有意義的轉化效果，舞者的動作張力也因此蘊涵著美感的存在。[39]

「獲得內隱知識的關鍵在於經驗。缺少某種形式的共同經驗，一個人將很難了解另外一個人的思考過程」，[40]

---

39 蕭君玲，《變動中的傳承：民族舞蹈創作的文化性與當代性》。臺北，文史哲出版社，2013，88。
40 Ikujiro Nonaka & Hirotaka Takeuchi，《創新求勝（The Knowledge-Creating Company）》（楊子江、王美音譯）（臺北：遠流出版，2006），82。

「隱喻就是一種比擬，一種對照，一種關係，是在兩種存在之間建立相似性關係的結構性活動」，[41]創作歷程發展到了「意語象」層次，言語的運用、隱喻性的詮釋就顯得更為重要，隱喻的力道會在舞者們的身體感形成一股能量之流，共同流向同一方向，形塑出作品的脈絡之流，筆者稱之為——隱喻之流，將於下一節述之。

第二節 隱喻之流

隱喻之流，在筆者長期的創作實踐中，是一股不可或缺的能量，它能促使舞者們的身體感湧出，表現在舞蹈技能上，使其舞蹈技能的表現有所內在依歸。唯要在創作歷程中，產生隱喻之流的能量，則必須運用經驗作出適當的比喻，與來自於一般知識領域裡的概念與現象，引入一舞蹈創作的意義內涵中的情境，方能產生隱喻之流。「語言是人類心靈運作的重要媒介，語言幫助我們了解外在的事物，也讓我們藉之表達我們的思維與感覺。語言之中，具有大量的認知隱喻性質」。[42]「『隱喻』的意義在於以表面上能理解的表徵作為代表，而其背後有著另一層涵義，而並非以明示的方式呈現」。[43]例如筆者 2016 創作《煙沒》用長巾來隱喻思緒

---

41 胡妙勝，《戲劇與符號》。上海：上海文藝出版社，2008，140。
42 蔡孟函，〈《老子》的空間隱喻〉（臺灣師範大學國文學系碩士論文，2012），6。
43 何貞霓，〈隱喻的含意與人性的顛覆：以吉勒摩‧戴‧托羅的三部電

的波動並注入劍法的運行方式，進而改變長巾慣用的技法。
又例如筆者在 2003 年創作作品《淨》需要斷裂式的巧勁，
在「意語象」層次裡發展出相映的隱喻符號。

> 當時一直思索著如何讓舞者身體感滲入某種隱喻性
> 的符號，使舞者身體舞動能由靜止狀態突然地發出
> 巧勁的微動，要達到一種既巧又明確的微動，微動
> 之後再靜止然後再巧勁地微動，以此數次反覆。這
> 是一個相當高難度的動作，一時又掌握住巧勁與靜
> 止的節奏，就會像是一連串拖泥帶水的蠕動，而無
> 法展現出身體斷裂式的巧勁與微動。因此創作者以
> 隱喻式言語詮釋來傳達這段動作的身體感，筆者告
> 訴舞者，巧勁的微動就如身體是乾枯的木頭，而
> 「枯木得到滴灑下的雨水滋潤」來發展身體意像，
> 再將此意象與所想傳達「祈禱」的精神意念連結。
> 當如枯木的身體被滴上了來自信仰世界所灑下的雨
> 水時，那種內在的悸動，由此悸動來舞出身體由乾
> 枯至飽滿的細節過程，擴散性的崩解巧勁與微動。
> 因此，舞者的身體感因為「意語象」的引導滲入了
> 這樣的擬像情感了，對此段舞蹈的掌握也能較到位
> 且具有相映的質感！[44]

影為例分析〉（文藻外語大學歐洲研究所碩士論文，2018），21。
44 蕭君玲，〈蕭君玲民族舞蹈創作實踐經驗的敘說 —— 對話中的意象〉，
《臺灣舞蹈研究》，13（2019）：1-28。

根據 George Lakoff 與 Mark Johnson 《我們賴以生存的譬喻》的觀點,「認知隱喻的基礎是建立在人的身體體驗與文化背景上」。[45]在舞蹈的經驗世界裡,身體每一次的舞蹈經驗都涉及文化層面的認知與身體的認知,例如民族舞蹈創作中,舞者以三道彎的姿態來表現,這三道彎姿態就涉及了宗教與文化的特質。George Lakoff 與 Mark Johnson《我們賴以生存的譬喻》所談的認知性隱喻(conceptual metaphor) 具 有 跨 領 域(cross-domain) 的 映 襯(mapping)特質。其中提到了包含二個範疇:目標域(target domain)與來源域(source domain)。

> 所謂「跨領域」是指:我們所欲表達的、抽象的意義我們稱之目標域(arget domain),而較為具體事物或概念則是來源域(source domain),來源域的具體性質可以映射目標域的抽象意義,通過來源域理解目標域,形成完整的理解與認識,進一步成為有系統的認知,這就是認知隱喻的意涵。例如在「漫長的人生旅程」一敘述中,我們是以較具體的來源域:「路程」,來映射較為抽象的目標域:「人生」。[46]

在民族舞蹈創作的歷程中,認知性隱喻是筆者常用的技法之一,有時為了解決舞者們對目標域的認知,使其具有

45 George Lakoff & Mark Johnson,《我們賴以生存的譬喻(Metaphors We Live By)》(周世箴譯)(臺北:聯經出版,2008),115。
46 蔡孟函,〈《老子》的空間隱喻〉(臺灣師範大學國文學系碩士論文,2012),6-7。

圖像化、想像化的意象，就必須運用特殊的來源域的隱喻符號來進行擴大、深化其目標域的認知。例如筆者 2010 在台北民族舞團創作的作品《落花》，是源於是維摩詰經中的落花典故的意象。《落花》隱喻人性中的執著，花瓣象徵著執著的沾纏，因此筆者在創作過程中運用紗及燈，試圖將燈光投射出紗的透明感來象徵花瓣，然而舞者身體在透明白紗中的舞動，欲想脫離白紗的沾纏（解脫），又享受在白紗中的舞動（執著）。一種相互矛頓的身體舞動，舞者披著白紗舞蹈著，為使白紗飄動，有著呼吸般的生命感，因此筆者隱喻地以海中的水母飄動來言語敘述，要求舞者們有如海中世界的水母生物一般，以膨脹及收縮來使白紗有著呼吸般的生命感，白紗成為一種如水母般飄游的美感，以這種飄浮的美感來傳達又享受執著（著白紗舞動之美）又欲解脫（脫解白紗）之矛盾，然後這美感終究得褪去、得脫解掉，作品最終所有女舞者均丟掉白紗，用以象徵其執著與解脫之間的悟。如此，舞者們的身體就會注入來自於水母在海中浮游狀態的意象，又會注入維摩詰經中落花沾纏的意象。言語隱喻在舞者們的身體感中形塑一種意象，創發出一股「隱喻之流」，成為一股能量引發著身體舞蹈著，在筆者長期的民族舞蹈創作中，這一股在「意語象」層次裡的「隱喻之流」是化解舞者身體僅以舞蹈外形為舞蹈內涵的關鍵之一。

　　隱喻之流，在創作中能生發出一股內在的蘊涵（Entailments），在來源域的知識是一種廣為人知的知識，用來作為隱喻的符號，這一知識所代表的狀態與概念，會被引入創作中目標域（意義內涵）來重新作一融合性的感知。

例如前面章節曾提及的筆者在 2016 年創作作品《煙沒》，運用民族舞蹈中常用的長巾作為象徵「煙」飄動的狀態，其中作品一開始的片段，由舞者涂又甄來揭開序幕，舞臺前一大片白色透明紗幕映射著來自於舞臺後方的燈光，舞者的身形與長巾的影子映襯在白紗幕上，長巾的舞動之影與舞者的身體之影皆在白紗幕上舞動著。由於，幾次的排練下來，筆者發現舞者身體與長巾不夠貫氣，導致身體的質感與長巾似煙的質感不同，於是在某一次排練場域中筆者隱喻地敘說告知舞者：不是妳持短棍將巾舞動到似煙飄動，而是妳的身體就是飄動的「煙」。如此一隱喻地告知舞者之後，她的身體與長巾漸漸地在同一狀態。在這之後，舞者的舞動長煙真是氣貫流長了！在這個例子裡，來源域：長煙是一種廣為人知的知識與概念；但被引入了目標域：妳的身體就是煙。這一廣為人知的概念在舞者意象中重新融合，於是在舞者的身體舞動上產生了極大的質變，這一股「隱喻之流」注入了舞者的意象裡，引發著不一樣的身體感。使其舞者對待自己身體舞動的質感產生了變化，從原本的客觀下的自己的身體轉化到了空間中瀰漫散化的身體，客觀下身體的空間化與瀰漫散化的空間化是完全不同的狀態。「具有一定的思維深度（Thinking Depth），便可以揭示客觀事物的本質和規律性。對隱喻的了解必須具備對暗示的分析能力」。[47]當然，這亦關乎著舞者自身對於來源域的知識，映入目標域的隱微

---

47 張欽賢，〈表象與實體——人體結構與隱喻之研究〉（臺灣師範大學美術學系碩士論文，2002），31。

意涵的能力，此能力不夠敏銳，或無法轉化的舞者是無法做出這樣的質變轉化的。

> 最深奧的形上學，其實根植於一套隱而不現的幾何學，它把思想加以空間化。如果一位形上學家不會作圖，他會思考嗎？開和關，都是思想，它們是他附加給所有事物，甚至附加在其思想體系上的隱喻。[48]

意象創造了思想的空間化，有了空間化的意象，則產生舞蹈在不同層次上的躍升。言語的隱喻性詮釋是否能有效使舞者們的思想產生空間化，得視其創作者當下的敘說及舞者們的理解感知的程度而定。較適切的言語的隱喻性詮釋能在當下立即性地使舞者們有著某種頓悟式的感知產生，當下即刻就會產生質變現象。例如筆者在 2009 創作《殘月・長嘯》時，舞者們欲表達不得志的士人們的激奮情志，運用水袖舞蹈，筆者在訓練舞者水袖動作時，對於衝袖的技法，舞者總是無法做到將水袖末端的勁道發揮出來，這樣就無法互映到激奮的情志上。因此，筆者要求舞者想像水袖是一種武器，武器就在袖尾末端，所以請舞者們使用水袖將天花板打爆，如此一來，舞者們的衝袖動作漸漸地到位，也相映於不得志的士人們的激奮情志。原本水袖舞蹈以柔美為主，出袖收袖皆以女性美姿為表現。《殘月・長嘯》這一作品轉化了

---

48 加斯東・巴舍拉（Gaston Bachelard）著，《空間詩學（The Poetic of Space）》（龔卓軍、王靜慧譯）（臺北：張老師文化，2003），313。

水袖這一柔美的既定框架,在上述以武器為「來源域」,用
以置入「目標域」:不得志的士人們的激奮情志。這樣的隱
喻使得舞者們的身體感產生雙重的視域(武器與水袖)、感
性的意象(衝袖與激奮),並在一次一次地排練中將之融
合。

> 隱喻透過彼類事物、此類事物、兩者之間的關係所
> 構成,並由兩類事物的聯繫派生新的意義,因此在
> 圖式的轉換、概念的遷徙中,伴隨著類比
> (analogy)、雙重視域(double vision)、感性意象
> (the sensuous image)及移情的「泛靈投射」
> (animistic projection)。[49]

　「隱喻是建立在人們生活中所具備的基本常識以及多
年累積的知識之上,同時也與人們所接觸的日常生活、社
會、世界息息相關」,[50]例如上述《殘月‧長嘯》的例子,
在柔美的水袖中置入武器與不得志的激奮隱喻,創造出隱喻
所帶來的雙重視域(double vision)、感性意象(the
sensuous image)、移情的「泛靈投射」(animistic
projection),又如《落花》中的白紗,置入了海中水母姿態
的隱喻詮釋,在創作歷程中一旦隱喻性的詮釋置入後,白紗
就會立即生發花瓣沾纏與水母敏銳收縮的雙重視域、感性意

---

49 趙一凡等主編:《西方文論關鍵詞》,北京:外語教學與研究出版社,
　2006,776。
50 何貞霓,〈隱喻的含意與人性的顛覆:以吉勒摩‧戴‧托羅的三部電
　影為例分析〉(文藻外語大學歐洲研究所碩士論文,2018),21。

象或是移情的投射，用以表現解脫與執著之間的內在糾葛。隱喻的符號或事件，置入舞者們的身體感，使其所要舞動表現的內在反映，能與作品的意境之間交織。隱喻的符號置入，使得某種相互交織連結的張力存在舞蹈動作與作品意境之間。「隱喻的詮釋是一門藝術，能自由地發揮並無侷限於文字上的轉變」，[51]筆者在 2010 創作《流梭》，作品意義內涵中那個來自於傳統文化境域的時空穿越的身體感，舞者們的身體感必須聚焦於：來自於古文化境域中又神秘又隱匿的穿越，舞者們的身體感之間必須凝結在一個神秘的穿越狀態裡，凝結力強大的張力，使得身體感如在一個充滿著高壓力的空間中緩行，緩行的身體動作是緩而有張力的狀態。當時筆者曾這樣隱喻性的詮釋著：妳們的身體就像在水中行走一般，有著水的壓力與阻力，必須藉助每位舞者的同質、同步狀態來對抗壓力與阻力。如此地隱喻性詮釋，就形塑成不同時空狀態穿越的身體感，蘊涵著有阻力地穿越時空的壓迫感。身體在水中行走這一「來源域」的符號，使得「目標域」的由傳統文化境域穿越時空到當代的身體感，「隱喻之流」使得舞者們的身體感呈顯出蘊涵意義的質變與轉化，舞者們的身體張力與動作也因此蘊涵著同質、同步的美感。「突破傳統的隱喻概念，發展出另一種隱喻概念。藉由不同文化背景下的人事物作為相互轉換的一種表達方式，這也是隱喻的一種，同時透過此種手法能激發出人們 的想像空

---

51 何貞霓，〈隱喻的含意與人性的顛覆：以吉勒摩‧戴‧托羅的三部電影為例分析〉（文藻外語大學歐洲研究所碩士論文，2018），22。

間」。[52]隱喻，在創作歷程所起著的效用是相當明顯可見的，看來完全無關的事物，却能透過隱喻而使得舞蹈的身體能呈顯出另一層意義來。

> 由「隱喻」激發文化性及創造性想像所帶來的身體感受，以意起舞，以舞傳意，以形化象，意象俱存！如此民族舞蹈創作則易蘊涵文化藝術之思，舞蹈中舞者內在的意想與動作的巧妙結合才能創造作品之意而生形，形則有象。舞蹈形象之外仍激發觀眾們自由的想像域空間，由不同的視域進入作品，再由相同的形象來感受，最終有著自主性的自我詮釋，使其作品中的蘊涵的藝術得到擴散、強化的效果。[53]

在創作歷程中隱喻之流的特性，在於運用看起來毫無關聯的事物、物品、情景、現象，置入於舞蹈的道具、服裝、身體動作之中，使之產生質變與轉化。這是因為舞者原有的認知對舞蹈動作的身體感產生了可以貫通的聯想，進一步運用對兩種事物感知，產生雙重視域（double vision）、感性意象（the sensuous image）、移情的「泛靈投射」（animistic projection）來轉化原有的舞蹈動作、姿態等。隱喻之流創發了二種不同事物、物品、情景、現象的交融來

---

52 何貞霓，〈隱喻的含意與人性的顛覆：以吉勒摩・戴・托羅的三部電影為例分析〉（文藻外語大學歐洲研究所碩士論文，2018），21。
53 蕭君玲，《變動中的傳承：民族舞蹈創作的文化性與當代性》。臺北，文史哲出版社，2013，93。

感知、詮釋、判斷,並用舞蹈身體動作來表現這一種交融後的反映。「隱喻的表達手法必需經過精密思考,深思熟慮如何詮釋其效果」。[54] 隱喻之流的能量是否能在創作歷程中發揮成效,端視創作者如何地詮釋與譬喻了。舞者孫佳芳在接受訪談時提及:

> 蕭君玲老師獨特的隱喻式引導,我在當舞者時,特別感受到老師給予的方向,嘗試在方向中轉化成舞蹈動能,例如:蝶蛹的漾態,存處在於包覆、安全的限制範圍內,由視覺來觀看,想像成母胎之幻化,其改變至舞者的情感。不斷刺激舞者的可能性及開發性,其中有一段,老師希望我們用廣袖來玩遊戲,其嘗試以廣袖改變關係,主動者(著廣袖者)與被動者(無著廣袖者),感受空間、高低變化,透過主動者的揮動之製造的空隙,被動者穿梭,故形成動態感,讓舞者可以在隱喻的引導下,透過自我及他者的身體經驗真切、真實的表現自我,在隱喻的觸發下,挖掘更貼近自己、更能強烈感知的情緒來舞動,以傳達作品更深刻的內涵。對於開頭的雙人舞,是練習最多次的,在於默契的結合,加入情感上的超脫與超然,蝶的意象深化於心中,以身體之

---

54 何貞霓,〈隱喻的含意與人性的顛覆:以吉勒摩・戴・托羅的三部電影為例分析〉(文藻外語大學歐洲研究所碩士論文,2018),27。

名詩意地表現出來。[55]

　　隱喻之流，其能量來自於言語隱喻的符號所象徵的特性，例如水的壓力或水的阻力，這符號所象徵的特性滲入了舞者的身體感裡，使其舞蹈動作產生質變的轉化。身體的舞蹈動作引入了隱喻符號的象徵特性，就在身體感這內在關係中產生聯結，原有的身體感聯結著隱喻符號的特性，這隱喻的符號特性修飾了、詮釋了原有的身體感。

> 德國詮釋學家伽達默爾（Hans-Georg Gadamer，1900－2002）認為象徵和譬喻的內在關係，在近代已發生了變化。最初象徵和譬喻是根本不相關的。譬喻本來屬於述說，即 Logos(講話)領域，因此譬喻進行修飾性或詮釋性的作用。它以某個其他的東西替代原來所意味的東西，或更確切的說，這個其他的東西使原來那個所意味的東西得到理解。象徵則與此相反，它並不被限制於 Logos（講話）領域。因為象徵並不是通過與某個其他意義的關聯而有其意義，而是它自身的顯而易見的存在具有「意義」。[56]

　　那麼，創作歷程中創作者運用的隱喻符號是如何產生？如何選擇的？筆者的經驗是，先有作品意象，再依據舞者排練狀況，然後選擇生活經驗中易於理解的某種事件、物

---

55 2020.02.14訪談《夢蝶》舞者孫佳芳。
56 伽達默爾（Gadamer, Hans-Georg）著，《真理與方法（Wahrheit und Methode）》（洪漢鼎譯）（上海：上海譯文出版社，2002），93。

品、現象來做為隱喻符號。例如筆者常敘說著呼吸的頓點，
以及頓點後的延展性，其隱喻符號即是運用一滴墨汁掉入水
中的狀態，一開始是迅速往下，掉入水中瞬間會有一個衝擊
的頓點，然後墨汁在水中開始延展、擴散開來，以此隱喻符
號來滲入舞者的身體感，使舞者們的呼吸控制產生質變的轉
化。因此，隱喻符號的選擇與運用端視其作品內在的意象狀
態而定，然而隱喻符號的選擇都是在生活中隨手可得之事
件、物品、現象等。

> 隱喻無所不在，遍及在人們的生活概念系統中，文
> 化背景的概念早已植入在腦海中，我們經常運用許
> 多抽象的概念（如：情感、觀念、情緒、時間等）
> 以各種方式詮釋（如：空間概念、物品、場景等），
> 建構在人們擁有的經驗上，自然而然的運用而非以
> 太過牽強的手法，而漸漸的它扮演了不可或缺的重
> 要角色。[57]

　　創作歷程中，隱喻符號的選擇與運用，首先是這隱喻
符號的象徵特性足以滲入舞者們的身體感，且能有效地聯結
著。隱喻符號是在符號自身的象徵性與作品意義及舞蹈動作
之間建立起一種可互映、互感、互滲的聯結，它們之間的象
徵特性能有某種程度的感應，這感性或許來自於舞蹈身體經
驗，或許來自於自身的審美價值，或許來自於當下對這一隱

---

57 何貞霓，〈隱喻的含意與人性的顛覆：以吉勒摩・戴・托羅的三部電
影為例分析〉（文藻外語大學歐洲研究所碩士論文，2018），24。

喻符號的新反映所形成的聯結，一旦有所聯結，在隱喻符號
與作品意義、舞蹈動作之間即會產生某種聯結的張力，使身
體感其產生質變的轉化。就筆者創作經驗而言，隱喻符號所
蘊藏的感知元素有：事件構成的畫面、物品的質感、物品的
用途、生物的狀態等等，這些都是隱喻符號感知的元素。事
件來自於生活中、社會中的某些事件，物品有時是直接出現
在作品中的物品，例如水袖服裝、長巾、枯竹等，有時是指
在生活中的物品，例如上述的墨汁或是古牆中滋長的新芽等
等；生物的狀態，例如筆者運用過的水母、在艱困的細縫中
成長植物、老樹的盤根錯結的狀態等，這些都是可以創發隱
喻之流的隱喻符號。至於這些來自於日常生活中的隱喻符
號，如何滲入舞者們的身體感，使其產生隱喻之流的能量進
行舞蹈動作的質變轉化，那就得視創作者自身的知識轉化能
力了，這涉及了內隱知識向外轉化至外顯知識的能力。

第三節　創作者的知識轉化力

　　筆者認為適切的「隱喻符號」是可以使創作者自身的
內隱意象、內隱經驗等內隱知識轉化至外顯知識的，它會是
立即的、快速的歷程，可讓創作或舞者們的身體感有所反
映。「隱喻是以不同存在或事物之間的相似性為基礎的，即
是以人與世界的相似性為基礎」，[58]或說是世界的各種現象

---

58 耿占春，《隱喻》。北京：東方出版社，1993， 291。

與人的身體感能產生互映、互感、互滲的情形,即可成為創作歷程中用以將內隱知識轉化至外顯知識。「外顯知識與內隱知識的分野。認為知識創造之鑰在於內隱知識的運用與轉化」,[59]另外,Michael Polanyi 亦提出「默會知識」的論點,認為「技能無法按照其細節被充分解釋,這是事實」,[60]「無法詳細言傳的技藝無法透過規定流傳,他只能透過師徒的示範方式流傳下去」[61]在民族舞蹈創作歷程中,許許多多的舞蹈姿態、身體動作質感、道具的運用等都有著相當地內隱知識,在創作歷程中創作者一向是當場的直覺判斷,創作者思索著如何將關鍵的內隱知識轉化至外顯知識。那麼要如何有效地運用言語的隱喻性詮釋,首先得確認某種內在的、內隱的狀態的意象,將其意象所蘊涵的感知明確化,再思索舞者所能感知的對映意象,來做為轉化至外顯知識。隱喻符號滲入舞者們的身體感裡,使其舞蹈技能的運作不再是舞者舞蹈時的專注焦點,而是被隱喻符號所取代成為專注焦點,舞蹈技能則在精練的情況下,轉為一種自然,原先許多需要專注力的舞蹈技能,在不斷精練之後,這些舞蹈技能轉

---

59 Ikujiro Nonaka & Hirotaka Takeuchi,《創新求勝 (The KnowledgeCreating Company)》(楊子江、王美音譯)。臺北:遠流出版,2006,73-74。

60 邁可‧博藍尼 (Michael Polanyi) 著,《個人知識:邁向後批判哲學 (Personal Knowledge:Towards a Post-Critical Philosophy)》(許澤民譯)(臺北:商周出版,2004),65。

61 邁可‧博藍尼 (Michael Polanyi) 著,《個人知識:邁向後批判哲學 (Personal Knowledge:Towards a Post-Critical Philosophy)》(許澤民譯)(臺北:商周出版,2004),68。

化成為內隱知識的層次。然而，舞蹈技能仍然在一次一次的
排練中重覆著精熟的歷程，這使得內隱知識的技能更加豐厚
內沉，成為一股難以敘說、難以言傳的紮實豐厚的感知。
「一組落入支援意識中的細節，如果全然從意識中消失，最
後完全地忘記，無法回憶。從這個意義而言，它們就是不可
言傳的」。[62] Michael Polanyi 在《個人知識》中提及的
「焦點意識（focal awareness）」與「支援意識（subsidiary
awareness）。[63]

> 支持意識和焦點意識是互相排斥的。如果一位元鋼
> 琴家在彈奏音樂時，把自己的注意力從他正在彈奏
> 的音樂上，轉移到觀察他正用手指彈奏的琴鍵上，
> 他就會感到困擾，並可能得要停止演奏。如果我們
> 把焦點注意力轉移到原先只在支援地位中被意識的
> 細節上，這種情況往往就會發生。[64]

　　一旦舞蹈技能沉入了內隱知識的層次，就成為難以敘
說、言傳的技能，也是因為如此，在擁有三十年民族舞蹈表

---

62 邁可・博藍尼（Michael Polanyi）著，《個人知識：邁向後批判哲學
　（Personal Knowledge:Towards a Post-Critical Philosophy）》（許澤
　民譯）（臺北：商周出版，2004），79-80。
63 邁可・博藍尼（Michael Polanyi）著，《個人知識：邁向後批判哲學
　（Personal Knowledge:Towards a Post-Critical Philosophy）》（許澤
　民譯）（臺北：商周出版，2004），71。
64 邁可・博藍尼（Michael Polanyi）著，《個人知識：邁向後批判哲學
　（Personal Knowledge:Towards a Post-Critical Philosophy）》（許澤
　民譯）（臺北：商周出版，2004），71。

演、民族舞蹈創作的自身，在創作歷程中是多麼難以言傳其
內隱知識的，因此只得尋求相似狀態、相似特性的隱喻符號
來做為這難以敘說、難以言傳之內隱感知的轉化媒介。隱喻
符號的滲入是筆者民族舞蹈創作相當重視的部分，當然舞蹈
技能或許有一大部分都是既定的規範、規則，尤其以民族舞
蹈而言更甚之，然而，在相同的舞蹈規範裡，相同的框架
裡，創作者個人的內隱知識的滲入，進而改變了原有舞蹈規
範所具涵的意義，那麼民族舞蹈創作方能脫離一再複製的窘
境！筆者長期創作實踐都秉持著這樣的理念來實踐。
Michael Polanyi 提到的：「一門本領的規則可以是有用的，
但這些規則並不能決定一門本領的實踐。它們是準則，只有
在與一門本領的實踐知識結合時，它們才能作為這門本領的
指導」。[65] 就筆者的創作而言，創作的實踐知識大部分是屬
於內隱知識的，一個創作作品最終得以完成，以特定的形
式、符號來呈現，就代表著創作者成功地運用隱喻符號來轉
化其內隱知識的感知。一位資深舞者謝孟汝曾在某次論文訪
談中提到：

> 當我到了忘我的感覺，我覺得我不會去想「動作」，
> 甚麼都不去想，我覺得我只是在感受而已，單純的
> 感受舞台、音樂還有整個作品，因為作品我已經很
> 了解所以我不用特別去思考我要什麼狀態，那感覺

---

65 邁可‧博藍尼（Michael Polanyi）著，《個人知識：邁向後批判哲學
　（Personal Knowledge:Towards a Post-Critical Philosophy）》（許澤
　民譯）（臺北：商周出版，2004），65。

就已經成形了，覺得自己已成為作品中的一個角
色，我就是那個人那個物！[66]

以這位資深舞者回應內容看來，舞蹈技能早已沉入她
的內隱知識裡，她在表演當下就只專注在當下，不去思索任
何舞蹈技能的細節問題，舞蹈技能已融入她的身體感裡了。
這舞蹈實踐技能的細節都被身體感給統整了，沉入了內隱知
識之中。「由於個人致知的每一個行動，都評賞著某些細節
的連貫性」[67] 就舞蹈技能實踐而言，或許可以這麼說，舞
蹈技能的內隱知識是不斷精練的歷程，使得實踐技能的各個
細節都從專注力的視角褪去，眾多的技能實踐細節都被身體
感所消融，進而使得內隱知識獲得質變轉化。舞蹈技能實踐
的細節來自於身體的舞動，每一次的舞動都趨使著某些細節
沉入內隱知識中，「布爾迪厄認為：身體不但不是知識的障
礙，而是知識的工具；身體不是學習的終點，而是學習的起
點；身體不僅不被世界排除在外，而是身體在世」。[68] 每一
次的創作對創作者、舞者而言都是一種新的學習，身體感被
覆寫、被滲入，映襯著質變的轉化，例如筆者 2016 創作的
《煙沒》在創作排練過程中深深感覺著長巾的技法是相當困

---

66 資深舞者謝孟汝訪談。顧家蓁，〈從表演者觀點探究蕭君玲的民族舞
　　蹈身體訓練〉（臺北市立大學舞學系碩士論文，2019），76。
67 邁可・博藍尼（Michael Polanyi）著，《個人知識：邁向後批判哲學
　　（Personal Knowledge:Towards a Post-Critical Philosophy）》（許澤
　　民譯）（臺北：商周出版，2004），81。
68 吳秀瑾，〈身體在世：傅科和布爾迪厄身體觀和施為者之對比〉，《臺
　　灣・社會研究季刊》，68（2007.12）：89。

難控制的，舞者們該如何克服，要忘記身體在舞著長巾，又要時時刻刻關注著高速旋動的長巾狀態，這是筆者創作以來相當大的一個挑戰，筆者曾與舞者們溝通著關於如何與這麼困難的長巾共處：

> 一次又一次的排練，不是要你們重複練習相同的動作，而是練習當發現問題時能有不斷尋找及解決問題的動力，彩巾是個惱人的道具，與它糾纏是建立關係的第一步，如何奮戰進而共處共融。

從空氣的濕度、溫度、氣流，以及每次的身心狀態，與他者的互動，環境空間的互映，這些因素構成了作品的「主體間性」，如蝴蝶效應般的影響整體。我時常提醒舞者：「道具與身體的關係要舞到，有似無、無似有。要求全然投入，又要時刻覺察」，無法用相同的方式舞動它，要知道有太多的變動因素影響著它的成功率。你無法完全掌控它，只能感受它，在變異的互動之中尋找對映的關係。這何嘗不是像人生，挫折與成功一直伴隨著，如幻似真的大量淹沒了我們的思緒，只能從中感受著、轉化著、存在著。

《煙沒》在 2019 年重新排練，換了一大批新的舞者，新的舞者其身體狀態已不同於 2016 那一批舞者！創作者得思索著如何融入這一批新舞者的身體反映，並在原有長巾技法的基礎上再度開展《煙沒 II》作品。《煙沒 II》新的舞者們在原有的長巾技法基礎上發展，其中一位男舞者在排練中，手不執舞動長巾的短棍，而反過來握著短棍另一頭的巾上，以巾舞動著短棍，短棍再帶動末端的長巾飄動，呈顯出

另一種不一樣的狀態。這位男舞者在三場的展演後，分享著心得：

> 「與其說我在學著像彩巾一樣柔軟，飄渺，我覺得反而是我們在互相合適，相互遷就與禮讓，我們就像朋友一樣的在打交道。從來都不是我單方面一直在主導它，是我們倆在相輔相成，而且絕大多數，反而都是我在沿著它的呼吸，順著它的軌跡在流動與穿梭，它是這次成就我身體的重要老師之一。或許我們倆之間的關係，在這樣的朦朧之間才顯得有些微妙特別。聆聽著它的低語，感受它從我肌膚旁呼嘯而過的每一瞬間，劃出夜空的縫隙，飄進連綿的指尖……，想到要跟彩巾分開，突然有種不捨的感覺，感覺我才剛跟它熟悉沒多久，《煙沒 II》只是個開始，覺得自己還可以更好，卻時間不允許，還沒來得及跟它發展出更多的可能性，就要分開了！希望未來，有機會還能再與它相遇交手，再跟它玩出不一樣的火花。「無邊的飄渺，於裊裊間喘息，煙幕繞流年，深深淺淺，在墨暈中悠蕩的清澈目光，漫過了遠山，漫過了心田，只見一瞬飛雲，心秉一縷執念，方知，浮生未歌……」。如果未來還有機會來個《煙沒 III》，老師我還想參與呀！[69]

---

69 黃維泓，《煙沒 II》演後於 2019 年 6 月 2 日發表於 Facebook 社群網站文章。

　　筆者在創作歷程中以隱喻性詮釋來言傳如何與長巾共處，舞動長巾的短棍並不是外在於身體的物品，短棍就是你身體的一部分，而你的身體的所有舞動都是來自於內在的意念所驅駛，任何的起心動念都會使得長巾的舞動曲線產生變動。2019 年展演的《煙沒 II》在長巾的技法上難度更高、更難，舞者們在自身意念的控制上有著高度的能力，在如此高速且高難度的長巾技法的展演，舞者的心理素質得有一定程度的修煉，否則難以駕馭高技術的長巾。臺北藝術大學舞蹈系博士生簡華葆觀後這樣分享著：

> 這次的作品，對學生而言是身體技術層面的挑戰。每一個技術的環節若沒有在恰當的時機做銜接，都有可能失敗，雖然速度得快，彩巾才能不落，但是舞者的心境反而得沉著冷靜，並且等待每一個使力的時機，這個作品對舞者心理素質的提昇非比尋常。一個看似練舞的作品，其實在修心。而這些舞者在舞動中，纏繞、爬升於三度空間巾幡，如煙如霧、虛實交錯，是人與心、與物之間的對話。但特別之處，在於迅速及縝密的舞蹈語彙串流不歇，人的形體消失了，舞動的則是意念。本我消失了，意念中的我才會創生！[70]

　　2019 年展演的《煙沒 II》長巾技法的實踐細節，在一次一次地排練後，在創作者不斷地滲入隱喻符號之後，這些

---

70 簡華葆，《煙沒 II》觀後於 2019 年 5 月 10 日發表之心得。

實踐細節已然沉入了內隱知識裡，在展演當下，在高度技能的實踐當下，舞者亦不能太忘我，手持巾的點是人與物的重要連結點，在技術純熟到一定程度時，舞者可能過度專注在舞蹈的情緒裡，而使得技術大多轉入支援意識，但手與巾連接點的知覺傳遞是最重要的，若表演時太過忘我時容易造成長巾的失誤，必需時而焦點意識時而支援意識的轉換，這是無法言說的內隱知識。長巾的技法實踐，已全然由舞者意念來控制身體與巾的舞動。因此，創作者必須在基礎的技法訓練之外，再設法運用隱喻性的詮釋來滲入舞者們的身體感，使其可以有效地將技法細節都融滲映入，成為內隱知識。就筆者的創作實踐經驗而言，如此的做法，能有效使得舞者的技法於展演時更加完善、更加到位。

> 舞蹈的美，表現於它的"形"，而內在於它的"意"，以形傳情，以情達意，是"舞蹈美"區別於其他藝術形式的特殊規律。舞蹈是流動的藝術，這又有別於"寫意畫"它的傳情達意過程稍縱即逝，它的外在形態對內在情感的把握和表現則體現為一種"度"。[71]

關於創作者的知識轉化力來自於自身的想像力、審美力、隱喻詮釋能力等，創作者須能善用舞者可感的生活經驗中之題材，取其特性用以反映其創作作品的意義內涵，再進

---

71 于蔚泉，〈舞蹈意象與審美建構〉，《山東藝術學院學報》，1（2005）：73-77。

一步改變身體動作的質地。創作者立於當代多元的藝術思潮，必須涉獵各種藝術、當代、社會、人文、文化等多領域，積澱在自身的內隱知識裡，成為創作的能量，同時，亦能成為知識轉化力。在民族舞蹈創作歷程中，關於舞蹈技法、身體質感、道具運用、舞蹈觀念等能有效地運用隱喻詮釋，將作品不可見的意義內涵，轉化至特定且獨具的民族舞蹈形式。創作者的另一個重要的任務在於將自身難以表述的內隱知識轉化至可展現的舞蹈形式，同時讓觀眾得以感受得到其作品的美感、作品的意涵，並能與之產生共感。由於創作者創作作品乃由感性內隱至理性形式的發展脈絡，然而觀眾進到劇場裡欣賞舞蹈藝術，是由理性態度開始，在欣賞的過程慢慢地進入至感性的體驗。因此，如何在一開始觀眾理性態度下，運用適切的舞蹈形式引領觀眾進入感性的體驗，這是創作者在創作歷程中所要思索的。「藝術的角色就是要把理性模式下無法親近、無法理解者變成可以親近、可以理解」，[72]筆者始終認為，在創作作品的歷程裡，其舞蹈形式、舞蹈動作得搭配適切的音樂、節奏、燈光、服裝，透過這些適切的搭配，音樂節奏帶領觀眾的聽覺，舞蹈動作，燈光及道具服裝引領觀眾的視覺，在整體感官知覺上獲得美好的綜合刺激，那麼自然而然就能引動觀眾由理性態度進入感性體驗的欣賞。基於上述，舞蹈創作的相關設計就顯得重

---

72 列夫・尼可拉葉維奇・托爾斯泰（Lev Nikolayevich Tolstoy）著，《托爾斯泰藝術論》（古曉梅譯）（臺北：遠流出版，2013），143-144。

要，如何搭配得宜，如何注入新意，燈光服裝道具如何相映出場，色彩如何相互呼映，都是創作者在創作之初就得考量的問題，「民族舞蹈創作應該注重的是民族舞蹈的文化身體韻緻如何運用在創作當中，在服裝設計、燈光設計、舞台設計上也能有不同的新思維注入創作裡」，[73]筆者曾在接受論文訪談時並記錄於創作手札中提到關於燈光設計的部分：

> 燈光是在舞台視覺感官所接觸一切的關鍵，燈光扮演非常重要的角色，是舞蹈創作成敗的關鍵之一。在我的心中，我認為創作者不只在舞蹈設計面向的功夫而已，是整體思維都要顧及到每一個細節，舞蹈、燈光、音樂、舞台設計、服裝設計等都要整體在創作中作考量的。要能完整地呈現創作者的舞蹈作品，是必須包含整體配套的。燈光能使舞者在舞台呈現出不同的氛圍。大自然所形成的「光影」是千變萬化的，日出、日落、面光、背光，四季變遷，冷暖氛圍，潮汐、陰暗，溫暖、光明等等。人的心靈感受更是變化萬千。[74]

---

73 鄭仕一，〈再建構的創作憶痕 —— 胡民山、蕭君玲之民族舞蹈創作歷程分析〉（臺灣師範大學體育學系博士論文，2014），290。

74 2014 蕭君玲創作手札記錄。

　　創作者的知識轉化力涉及了舞蹈表演藝術的各個層面，而非僅僅是舞蹈技法的部分而已，得全面思考舞臺表演藝術所涉及到的所有內容。因此創作者的藝術想像力就顯得重要，藝術思維加上具有廣度、深度的想像力創造出意象，一個自由自主的意象空間，使得各種多元的民族舞蹈發展的可能性，在虛幻的空間裡有著多樣性的樣貌，意象創造了許多虛幻的意境，這虛幻的意境必須考慮著舞蹈身體動作、服裝、燈光、音樂、道具等等，方能有效地將虛幻的意境轉化至舞蹈表演的形式。

> 當代民族舞蹈創作的過程是流動、變異的情態，乃為不確定的空間，其過程是編舞者與舞者、舞者與舞者、與道具、燈光、音樂等等之間相互衝擊、流變且相互引動而形成的，身體一直處於虛擬的、未定的、曖昧的狀態。[75]

　　由藝術想像而來的虛幻意境，得不斷地藉由隱喻性的詮釋來言傳，使舞者們能在舞蹈動作的發展過程中掌握其內涵，使燈光設計、服裝設計等他者能有效地了解創作者的作品意義。「隱喻不僅僅是語言現象，更重要的是一種思維現象」，[76] 創作者運用隱喻性詮釋之前，得先在自身的藝術思

75蕭君玲，《變動中的傳承：民族舞蹈創作的文化性與當代性》。臺北，文史哲出版社，2013，46。

76馮廣藝，《漢語比較研究史》。武漢：湖北教育出版社，2002.04，3。

維與日常生活中的情景做出多向度的互映，最終直覺地反映某種隱喻符號來做為虛幻意境的詮釋。

> 藝術隱喻的特徵主要表現在：第一，具有發散性和跳躍性；第二，具有形象生動性與創造性；第三，藝術隱喻以相似性和類型性選擇為基礎；第四，藝術隱喻具有意向的不確定性。[77]

筆者在 2010 創作作品《落花》，筆者透過隱喻詮釋引導舞者們進入發散性地想像空間裡。創作者對舞者們敘說著，請用心感受那花瓣因為凋零落入泥土，漸漸地與泥土融入，吸收接受了來自於大地泥土的滋潤，你的身體舞蹈就象徵著那花瓣落入了泥土，融化與泥土合一，隨而轉化為養分的過程。當舞者們的身體感滲入了此隱喻符號後，身體舞蹈所散發出的動作、呼吸與情感，就更接近創作者在藝術想像中構思的虛幻意境，舞者們的身體感散發出的氣息有了重量質感與地心引力，散發出的情感有了較堅實的感染力，已然不同於隱喻詮釋之前的表現。創作者在創作歷程中的知識轉化力，能將內隱知識的感知，透過隱喻詮釋的轉折來滲入創作作品的意義內涵，「隱喻是某種相似性而存在的，筆者在詮釋身體透過呼吸而下沉的勁道時，將海中的水母做為譬喻，感受呼吸快速張開充滿氣體的移動，是輕柔的、飄的，再緩慢收縮吐氣」。[78]

77王炳社，《隱喻藝術思維研究》。中國社會科學出版社，2011，70-71。
78 蕭君玲，《變動中的傳承：民族舞蹈創作的文化性與當代性》。臺北，

　　筆者創作時曾要求舞者們，當妳們吸氣時想像呼吸的氣貫穿，一節一節地往上提升把脊椎的空間都撐開了，像煙裊裊升起至上面空間裡，是充滿的，是盈繞的，是擴散的。接著快速地吐一口氣，藉由此吐氣使身體向下沉墜，感覺身體從上而下越來越沉重，融入土裡。[79]

　　隱喻不僅是語言更是思維現象。編舞者內在的、深沉的創作意象是可以透過良好的隱喻來促使舞者身體表現由內而外的、重點是由思維體驗而外化於形式來進行轉化，創作者應擅用及透過隱喻來傳達創作意象給舞者，使之有所體驗，並將身體的舞蹈動作表現得更趨近編舞者與舞者之間。而舞者也可在這隱喻特徵當中具有自我的意向性與創造性。[80]

　　民族舞蹈的創作是以傳統文化沃土為源流，其意義內涵從此滋長，創作者的創作意象在自身的內隱知識裡已長時間地積澱。因此，這長時間沉默於內隱知識的意象，欲注入於創作作品之中，這之間有著許許多多的轉折需要克服。內隱知識裡層層堆疊的痕跡、被覆蓋被更新，怎能是簡單的語言能予以言傳的！「內隱知識透過隱喻、類比、觀念、假設

　　文史哲出版社，2013，87。

79 蕭君玲，《變動中的傳承：民族舞蹈創作的文化性與當代性》。臺北，文史哲出版社，2013，92。

80 蕭君玲，《變動中的傳承：民族舞蹈創作的文化性與當代性》。臺北，文史哲出版社，2013，89。

或模式表達出來。當我們試圖將意象觀念化時，通常會將其
精髓訴諸語言」。[81]所以如何運用來自於日常生活中的隱喻
詮釋，以相似、相近且能互映的特性來隱喻地傳達內隱知識
的意象，是在創作歷程中「意語象」層次裡的重要部分，
「隱喻是一種語言現象，是一種認知現象，是一種思維現
象，也是一種藝術現象」。[82]就筆者長時間的創作實踐而
言，創作者是如何將內隱知識裡積澱已久的意象，言傳敘說
予舞者們，筆者認為「隱喻詮釋」是有效的、適切的方式，
它在滲入舞者們的身體感時，同時具有引發舞者們身體的內
隱經驗的可能性，可使得舞者們瞬時間感悟創作者內隱知識
中的意象內涵，並在自身的身體感中重新融滲後發展出到位
的身體舞蹈，因此，適切的「隱喻詮釋」經常是能有效地引
發、轉化舞者們自身的身體感，它是創作者的知識轉化力的
核心。

81 Ikujiro Nonaka & Hirotaka Takeuchi，《創新求勝（The Knowledge-
　 Creating Company）》（楊子江、王美音譯）（臺北：遠流出版，
　 2006），84。
82 王炳社，《隱喻藝術思維研究》。中國社會科學出版社，2011，68。

第五章　眾位他者 ──

「共震喧聲」

　　「眾位他者」意指在創作歷程中所有涉及到的、外在於創作者自身的「人」與「物」，「人」的部分，包括舞者、燈光設計師、服裝設計師、舞臺設計師、影像設計師；「物」的部分，包含音樂、道具、服裝、燈光、舞臺、影像等等，以上這些都是創作者在創作歷程中必須與之互映、互滲、互感的「他者」，筆者將之統稱為「眾位他者」。「眾位他者」在創作歷程中於不同階段涉入創作，「眾位他者」在「人」的部分，其美學觀、在民族舞蹈藝術創作觀、在他自身過往的經驗上，都會影響著在創作歷程中創作者創作構思，以及其後續所發展的結果。例如服裝設計師對創作作品的理解所設計出的舞蹈服裝，在創作者與舞者們發展舞蹈動作時就得涉入，服裝才能有其加成相映的效果。[1]「眾位他者」在「物」的部分，涉及了款式、質料、特性等，其中影響最大的就是舞蹈中所使用的道具了，例如筆者 2009 年創

---

1 筆者近三十年來創作實踐，相當有幸與鐘豆豆服裝設計師合作，一直以來都能有高度的契合現象，其所設計的服裝往往對於筆者的創作都有相當大的互映，使作品與舞者都能有良好的舞蹈表現。

作的《殘月・長嘯》所運用的長水袖、2016 年創作的《煙沒》所運用的長巾，都必須有著高度的運用道具或服裝的創作，這對於「物」的質料特性的掌握就顯得相當重要。

　　創作場域中無數次的交流、互動、對話、喧聲，最終主體不在是創作者，亦不在是舞者，而最終的主體性都交織在作品了！本章透過超在性的無我 —— 創作的共感，來探討創作場域的最終現象，共震喧聲一致化，並體現於作品。「眾位他者」存在於創作歷程中，不斷地在本位上進行喧聲，拉扯著創作者的創作思維，同時亦不斷地產生共震共感的現象。巴赫汀指出關於超在性在美學上的意義：

> 「超在性」，這個是指美學的最高理想，即主體的兩個方面或兩個主體之間（自我與他者，作者與主角，這兩者在巴赫汀看來有相同的含義）互相對話、溝通，從而全面、整體地把握自己，超越自己。[2]在他看來，美的本質乃是不同的生命體驗和不同的價值體系的對話、交流、溝通和同時共存，審美的觀照是他者與自我的視域剩餘和外在性的相互補充和相互交融。[3]

　　「超在性」對筆者而言，就是一種在創作歷程中，創入者的自我不斷被「眾位他者」滲入而質變的現象，創作者

---

2 劉　康，《對話的喧聲：巴赫汀文化理論評述（Bakhtin's Dialogism and Cultural Theory）》。臺北，麥田出版，2010.10，23。

3 劉　康，《對話的喧聲：巴赫汀文化理論評述（Bakhtin's Dialogism and Cultural Theory）》。臺北，麥田出版，2010.10，98。

可能在與「眾位他者」對話的過程而彼此都產生質變的現象，當然這在創作歷程中將可使得共震喧聲趨向一致化；另一現象是創作者與舞者們的身體感必須將就於「物」的質料特性而改變，也可說是創作者與舞者們的身體感被「物」所滲入而質變了，因「物」而「自我」逐漸地融滲於「物」的舞蹈之中。這或許可說是創作歷程與「眾位他者」的不斷對話中，其「超在性」的必然存在，最終創作者自身與「眾位他者」都將融滲於作品的意境中。作品的「意境」也是在彼此融滲後共震喧聲出的那個原本不可見的「意境」，在作品「意境」中，共感交織、無我。

第一節　喧　聲

創作歷程中「眾位他者」不斷地喧聲，傳達對話的同時，也表達著某種與對話對象「拉扯」的喧聲，創作歷程中的喧聲來自於長久以來積澱的身體感，「感覺本身不是被看著的；我們看著別的東西，而對感覺保持著高度的意識」。[4]創作者對舞者們進行喧聲，傳達一種權力層次的對話，在於使舞者們趨向創作者的身體感；舞者們與創作者亦進行著喧聲，傳達一種高度自我身體感的態度。創作者與舞者們的身

---

4 邁可・博藍尼（Michael Polanyi）著，《個人知識：邁向後批判哲學（Personal Knowledge:Towards a Post-Critical Philosophy）》（許澤民譯）。（臺北：商周出版，2004），71。

體感在彼此的對話喧聲之中，拉扯、調和、共震，在作品產生共感喧聲，如此舞者們的狀態即會處於與作品共震互映的節奏一致。「藝術不僅是和諧的形式與心靈的表現，還有自然景物的描摹。景、情、形是藝術的三層結構」。[5]

　　創作歷程中不斷地喧聲，為的就是與「眾位他者」調和彼此之間的差異化，在差異化的延展過程中趨向一致，而非越離越遠的情形。在舞蹈的創作場域中，更多是來自於身體舞動的直接喧聲，以下是一段筆者與舞者在創作場域中的對話：

> 君玲老師不斷強調要看見廣袖與身體間產生的最大張力，大家重複演練著一樣的動作，雖然看似一致的步調，但老師就是覺得不夠，那個先撐、上拔擴張至手的末梢再下沉，體內的韌勁都還不夠！每每走的過程總會因為手臂的痠痛難忍和腳步轉換重心的不穩定而失去靜的耐心，直到有幾次走到隱形眼鏡失焦，模糊了我的視覺焦點，但我卻能夠保持平穩的步調同時忘卻痠痛的身軀向前移動，視線已然穿透當下所在的空間，像是藉著意志力的力量引領著我向前邁步，專注到發現汗水經由髮根流過兩側臉頰匯聚在下巴落至地面的那刻，我才意識到原來內視是這樣的感受，經歷真摯的磨練對身為舞者的

---

5 宗白華，《美學與意境》。北京：人民出版社，2009，100。

我來說是相當大的挑戰與滿足。[6]

　　筆者透過隱喻性的詮釋言語，要求舞者舞動的細節方式，舞者則以身體力行來回饋，此時舞者的自我完成獲得了肯定，這就是創作者與舞者的拉扯之間達到共感的喧聲狀態。

> 　身體表現者對於實踐情境不斷地進行著「反映」，這是一種自我表現的「遊戲」，它是遊戲活動者的自我表現，其自由度較高。在這類的「反映」　　，它涉及了三個部分：一是主體自身的技能基礎，二是對技能實踐的觀點與思想，三則是對當下情境的感知。[7]

　　就民族舞蹈創作而言，身體表現在實踐場域裡不斷地進行反映，它涉及自身技能的強弱狀態、內在的觀點與思想以及當下創作場域中的感知狀態等。創作歷程中，其喧聲可以是客觀語言的傳達，或是言語隱喻地詮釋，亦可是舞蹈的身體表現式的喧聲。然而，任何的喧聲之前，必然在主體自身的內在心靈裡產生一些歷程，綜合各種可感知的元素，再決定以何種喧聲的姿態出場，「心靈的努力具有啟發性的效果：它為了自己的目的而傾向於把當時情景中的任何可得到

---

6 蔡宜靜，〈《女子新樂園》──離人〉（臺北市立大學舞學系碩士論文，2020），88。

7 鄭仕一，〈劇場表演藝術之審美感知的默會研究〉（蘇州大學文藝美學博士論文，2010），31。

的、能夠有所說明的元素組合起來」。[8]喧聲亦象徵著某種來自於身體感的反映，喧聲亦會隨著身體舞動的實踐堆疊而有所改變，例如民族舞蹈創作與實踐必須對傳統文化有一番探究的過程，文化的既定概念與印象是文化自身的喧聲狀態，創作者對文化的想像則與之對話，並注入於創作作品之中。「人類對自己歷史、傳統的了解過程就是一種通過新的語言不斷進行對話的過程」，[9]創作者對傳統文化的想像是立足於當代舞蹈藝術思維、當下社會狀態、自身的美學觀等，經由隱晦不明的「意心象」，再反映至相關「物」的「意物象」，最後發展至「意語象」層次的隱喻符號創造出作品意象，創作者在創作歷程中，運用各種來自於日常生活中的隱喻符號來進行文化想像的詮釋，創構出屬於作品的獨特意象。「舞蹈作為『意象』形態的藝術，『想像』即為舞蹈創作中重要的成分」，[10]「蕭君玲在訓練舞者身體能力的同時，以『隱喻式引導』的方式訓練舞者身體的表演性，以『想像』來賦予動作『意義』」。[11]

---

8 邁可・博藍尼（Michael Polanyi）著，《個人知識：邁向後批判哲學（Personal Knowledge:Towards a Post-Critical Philosophy）》（許澤民譯）（臺北：商周出版，2004），79。
9 張能為，《理解的實踐：伽達默爾實踐哲學研究》。北京：人民出版社，2002，236。
10 謝孟汝，〈從表演者觀點探究蕭君玲的民族舞蹈身體訓練〉（臺北市立大學舞學系碩士論文，2019），16。
11 謝孟汝，〈從表演者觀點探究蕭君玲的民族舞蹈身體訓練〉（臺北市立大學舞學系碩士論文，2019），48。

　　隱喻式的引導是一種創作的對話方式，是「眾位他者」共同的交織對話中所反映出的文化想像的共感，「對話是文化生長與繁榮的最佳方式」，[12]「語言、文化、歷史三者不可分割，緊密相連」，[13]就筆者的民族舞蹈創作實踐經驗而言，創作歷程中的喧聲，就涉及了語言的使用能力、對傳統文化的藝術想像能力、對自身成長的歷史經驗與社會發展歷史的領悟能力。這三種能力影響了「眾位他者」在創作歷程中的喧聲方式，喧聲的方式決定了自身對於作品的藝術判斷與「眾位他者」之間的拉扯力道。例如一位創作者與一位影像設計師合作，僅僅在 2-3 次的溝通之後，影像設計師即完成了他的影像設計，對於舞蹈整體所呈現的畫面是否適切，在彼此溝通不足的前題下形成一種對話的限制性，無法在充足的時間與空間做出溝通與修正，舞蹈創作者最終也僅能在某種程度接受其設計。影像設計師迅速地完成了影像設計，然而進到了劇場，創作者也迅速地喧聲：不使用此影像。舞蹈家胡民山曾與筆者對談時提到類似的經驗：在創作時與各類藝術家的配合，大部份時間裡是沒有太多的溝通，讓他們在觀看作品之後再由各自的專業視角去設計，他們看到什麼就會設計出什麼，當然希望在各自的領域中創作及共構出契合。這是對設計師的信任與負責，希望能有所默合，或許也是一種有著因緣合和的共修吧！但也有出現完全不搭

---

12 劉　，《對話的喧聲：巴赫汀文化理論評述（Bakhtin's Dialogism and Cultural Theory）》。臺北，麥田出版，2010.10，16。

13 劉　，《對話的喧聲：巴赫汀文化理論評述（Bakhtin's Dialogism and Cultural Theory）》。臺北，麥田出版，2010.10，11。

配的情形，記得有一次在台北民族舞團創作，藝術總監蔡麗華老師費心地請了影像設計，給我的創作作品設計了關於水墨及書法的影像，當時設計師很認真地讓影像具飽滿及豐富的多變化。遺憾的是，到了進入劇場彩排時，我整個感覺在整體上卻顯得凌亂而使得我的創作所強調的空靈感為訴求的失焦了，所以最後只好割捨掉影像設計。

　　上述這個例子是創作者對於自身作品的喧聲，或許是與「眾位他者」之間的對話不足所致，創作者與影像設計師之間並沒有產生互映的共感。關於影像設計或是燈光設計，筆者自身也曾擔心這設計是否會影響了作品的表現度，而在創作歷程中有所拉扯與掙扎，即便是在有著充份的對話，在未進入劇場看見實際的情形之前，都是無法安心以對的。筆者曾在 2011 年《香讚》再度搬上舞台時，加上了影像設計，意圖將燃煙裊裊的意象投射於天幕，希望能營造寺廟香煙縈繞的祈禱氛圍。也曾擔心影像設計是否能會影響舞蹈，搶了舞蹈視覺畫面而成為焦點。不論是影像設計、燈光設計、服裝設計、舞臺設計，都有著自身喧聲的形式與能量，重點在於是否能以創作作品為核心去進行設計，這涉及到作品的「情」與「景」是否適切融合以呈顯出作品的藝術張力。宗白華說：「情和景交融互滲，因而發掘出最深的情」。[14]因此，創作者的喧聲的形式與能量就顯得相當重要，在與「眾位他者」之間的喧聲拉扯保有一定的權力基礎，以期作品呈現的完美度。

---

14 宗白華，《宗白華全集 2》。安徽：安徽教育出版社，1996，327。

　　「眾位他者」中還有一個重要的「人」與「物」，即是服裝設計師與服裝，一個作品的服裝形式、質料，都會影響其舞者們舞動的身體狀態，是作品相當重要的部分。例如2003 年創作的作品《香讚》，因為要以舞者的身體 S 形曲線、身體舞蹈姿態來表現宗教信仰場域中燃煙的「煙絲飄漫」，舞者們所著的服裝若有著過多的裝飾性設計，反而會掩蓋了舞者的身體的曲線，看不見舞動中煙絲的曲線，所以筆者在原有的服裝設計上，拋棄了一般民族舞蹈服裝的繁複形式，以緊身的「肉胎」[15]為主要服裝設計的構想，以呈現敦煌舞姿中 S 型的身體曲線，用以象徵燃煙的「煙絲飄漫」，簡單的「肉胎」作為服裝，以回到較純粹的舞蹈身體表現。林谷芳教授曾提及：「當代藝術的另一個美學基準又是純粹，必須有那麼多服裝道具做為表現媒介的民族舞蹈，如何讓人回到那純粹的肢體」？[16] 舞蹈家胡民山也指出：「有關於外在的服裝道具的問題，可以不用侷限於早期戲劇性層層包裹的思維模式。近代的各種材質及製作，服裝道具是可以達到精簡的輕便」。[17]

　　筆者在長期的創作實踐經驗中，在與「眾位他者」之間的喧聲拉扯，曾經有著許多未達致理想的結果，這有可能

---

15 肉胎，是指輕薄膚色的緊身衣。

16 林谷芳，《期待民族舞的朗然存在：樂舞臺灣：臺北民族舞團二十週年特刊》。臺北：臺灣舞蹈雜誌社、臺灣樂舞文教基金會出版，2007，14。

17 鄭仕一，〈再建構的創作憶痕 ── 胡民山、蕭君玲之民族舞蹈創作歷程分析〉（臺灣師範大學體育學系博士論文，2014），34。

來自於自身的喧聲力道不足，當然這力道不足的情形也涉及
上述所提到三個方面的能力：「語言的使用能力、對傳統文
化的藝術想像能力、對自身成長的歷史經驗與社會發展歷史
的領悟能力」。過往的創作實踐經驗裡曾經因為燈光設計、
舞臺設計、影像設計等合作的未至理想，對於創作形成一個
很大的考驗與壓力的所在。在創作歷程中，一直擔心是否在
與「眾位他者」之間的喧聲拉扯無法平衡，進而影響了作品
的藝術表現。如果這些「眾位他者」的設計與創作者的創作
構思差距太大，無法呈顯出創作者心中的意象與作品意境，
那將會對作品大大折扣。因此在長期創作實踐經驗中，每一
個作品在創作歷程中發展時，筆者的創作構思都會包含著燈
光設計、舞臺設計、服裝設計、整體作品的顏色色調、作品
意境的氛圍，將這些「眾位他者」的設計在創作歷程中一併
考量，使其在創作歷程中直接融滲進入作品。如此，在與
「眾位他者」的喧聲拉扯時，其創作者的喧聲形式與能量可
以有著較強的力道。在筆者近十年來的創作裡，燈光設計、
舞臺設計、服裝設計、整體作品的顏色色調、作品意境的氛
圍，這些在創作構思、創作的文化想像中幾乎是一體成形
的，而不是將舞蹈作品編排完後，給燈光設計、舞台設計、
服裝設計來完成後續的製作。幾乎在創作的同時，創作者就
必須和燈光設計師、舞臺設計師、服裝設計師等有著良好的
溝通。雖然如此，但創作的藝術想像，最終仍得向現實面低
頭，它可能是資金方面的不足、可能是進入劇場彩排的時間
不足所導致，在創作實踐經驗裡，最終仍得向這最強大現實

面妥協，筆者曾在接授論文訪談時並記錄於創作手札中提到：

> 另一層次而言，我的創作必須常常面對燈光設計、舞台設計、服裝設計的挑戰，我必須時常面對這一些設計的技術人員、工作群，他們常會因為資金或時間的不足，將我所預想的創作設計與需求，在溝通過程中就毫不客氣地打了回票！當我一開始接受這種被打回票的情形，我心裡面在思考著一定有辦法可以克服技術的困難，我心裡認為沒有「不可能」的！當然，這十幾年歲月的洗煉之後，我了解到很多創作的技術支援與需求，不是你自己努力就可以達得到的！所以在我的創作經驗裡，許多想像中的美的畫面，最終都因為設計群的技術技援度不足，而成了不可能的發生，我的許多創作想像，仍然只能是「想像」！[18]

有效地與「眾位他者」喧聲，呈顯出高質感的民族舞蹈作品，這似乎是筆者長期以來的奮戰。在創作實踐經驗的不斷積累，經過各式各樣的創作問題的衝擊，不曾因為「眾位他者」的拉扯而消減，在創作歷程中不斷地與「眾位他者」喧聲拉扯，創作者學得了更有效率、更有力道的喧聲形式與能量，來獲得創作作品展演的高度質感的保證。長期以來，筆者一直無法將所創作的作品在完成之後，就完全交付

---

18 2014 蕭君玲創作手札記錄。

給燈光設計師或影像設計師，讓這「眾位他者」自由喧聲、
自由設計。一個創作作品的完成，歷經了「意心象」的隱晦
期、「意物象」的物化期、「意語象」的詮釋期，這歷程已然
積澱了厚實深廣的、內隱性的藝術意象，在與燈光設計師或
影像設計師或舞臺設師的對話裡，在長期積累的經驗下，筆
者學習到有效喧聲的形式與能量，在與「眾位他者」對話之
前，筆者就得事先做好各式的準備，有所預想，在對話過程
中具體化、明確化、精準化，使得創作者的喧聲力道在對話
之中成為主力。例如，筆者會告知燈光設計師在第幾分幾秒
時以哪位舞者為主，此時的意境及舞臺色調氛圍是如何的，
同時輔以日常生活中所感知到的、類似的影像光線立即呈現
給燈光設計師參考，有了具體化、明確化、精準化的參考依
據與感受，如此與燈光設計師的對話是有效的，創作者的喧
聲是有力道且成為主力來影響之間的對話。筆者長期以來都
會相當注重與燈光設計師的對話與喧聲，因為創作作品的
「情」與「景」所融合出的境，燈光的呈現與舞者身體舞蹈
的搭配是非常重要的，燈光會引導觀眾的視覺感知焦點，燈
光是舞臺的魔術師，能有效為創作作品的表演加分。

　　創作者與「眾位他者」之間的對話與喧聲，為了解決
本來就會存在著許許多多的「間」與「隔」的問題，「『間』
可視為創作者與『人』的互動性、溝通性、關係性；……
『隔』具有距離性、無交集性、分裂性等特性」。[19]「間」

---

19 鄭仕一，〈再建構的創作憶痕：胡民山、蕭君玲之民族舞蹈創作歷程
　　分析〉（臺灣師範大學體育學系博士論文，2014），214-215。

與「隔」的存在是必然的，畢竟「語言的使用能力、對傳統文化的藝術想像能力、對自身成長的歷程經驗與社會發展歷史的領悟能力」這三種能力皆有著差異化。「間」與「隔」得必須透過不斷地對話與喧聲來融滲「眾位他者」，彼此地融滲進入對方的身體感裡，在「間」中獲得新的視域，並減少彼此之間的「隔」。關於「間」與「隔」的議題，筆者曾接受論文訪談時並記錄於創作手札中提到：

> 在創作當中，所產生的「間」與「隔」，我認為這會呈現在有如您所說 的「人、事、物、景、態」當中，而我最在意的是「人」的部分，與人的溝通是非常困難的，例如跟舞者的溝通，用真誠的心，願意花時間，通常會達到良好的效果，因我選擇的舞者有一半通常都是跟我學習超過三年以上，大家已有良好的默契。「隔」，一定有，但對我的創作來講，它是助力不是阻力，很多事都是自我的調整，當認知了大家都是同心為作品付出，在這裡是多元意見的尊重。　　通是處理「間」與「隔」最好的方式。但「人」的溝通卻往往是最困難面對的，有辦法將人的部分處理好，所有的人事物之間的「隔」，將會愈來愈接近心中的意象。……「隔」在我的創作裡，是一道無形的牆，這牆會阻隔創作思維的管道，但換個角度想，「隔」等於是每個專業領

域 —— 技術人員、舞者特質的區別性。[20]

「眾位他者」存在於創作歷程中，時時刻刻以不同的形式與能量朝向彼此而喧聲，不僅是創作者與舞者、舞者與舞者之間亦是、創作者、舞者與「物」亦如此。如 2014 年創作的《蔓生・枯影》源於日常生活中發現古舊磚牆上的細縫長出了許多青色嫩芽的藤蔓，感嘆生命力之強大，又發現路邊竹林中被丟棄的枯竹，置於邊緣，生命已枯萎，感嘆生命終有末路之時。這二種「物」都自然而然地處於它們自身的境地，以其自身的質性對外喧聲著，唯正好筆者與此二「物」有所感映，進而運用枯竹的質性創造了《蔓生・枯影》，關於這個作品的創作源起，在筆者接受論文訪談時並記錄於創作手札中：

> 《蔓生・枯影》是我看見了石牆的縫隙裡長出了藤蔓，我仔細觀看，發現那縫隙極為狹小，藤蔓卻長得相當青綠厚壯，使我心裡頭立即產生了一種與之呼應的感應，我感悟到這樣的生命力是多麼令讚嘆啊！又對應到自己何嘗不是如藤蔓，努力奮鬥為求安定安穩的身與心，於是內心有了許多感動又感嘆的畫面，這是「蔓生」；「枯影」，則是我在八里路邊的竹林旁，看見了許多乾枯的竹子，被人丟棄在一旁，當時我感受到這些枯竹與太陽光照射的「影」相映，形成一種「美感」，又枯竹帶給我一種未知的

---

20 2014 蕭君玲創作手札記錄。

「感傷」，使我不自覺得停下腳步，踩進竹林裡，拾撿枯竹端賞，突然心中有一感悟，於是枯竹就成了我的作品的一份子，《蔓生·枯影》就在這藤蔓與枯竹二次的美的際遇裡，形成了作品的核心意義。[21]

　　上述經驗，可謂之一種「神遊」狀態，因某種景象映入眼簾與內在身體感互映而開啟了想像空間，在此想像空間裡肆意的「神遊」，「所謂『神遊』，則是遊觀者以其潛存的情意看待環境中的對象物，使景物沾帶了人的情感。也就是說，遊觀者依照景物形色姿態的特點，配合自己內心情感的浸染，而賦予它們滿懷的情意和生命，使物與物之間產生交流性的情思」。[22]在筆者的生命熾煉的脈絡裡，日常生活中、大自然的景、生命的樣態、時尚潮流、哲學美學的觀點、歷史文化、傳統與當代藝術觀、社會情境等等都會選擇在某個生命脈絡的瞬間，以無法抗拒的向自身的身體感顯現！朱光潛曾提及：「美是客觀方面某些事物、性質和形狀適合主觀方面意識形態，可以交融在一起而成為一個完整形象的那種特質」。[23]筆者亦因此而將許許多多被這一無法抗拒的「美」所影響，進而創作出許多的民族舞蹈作品。源於社會情境中宗教場域的《香讚》、源於宗教歷史文化典籍的《落花》、源於社會現象中某種不得志情懷的《殘月·長

21 2014 蕭君玲創作手札記錄。
22 莊連東，〈穿透·游移 —— 時間感應中圖像與空間對話的水墨創作思考〉（臺灣師範大學美術學系博士論文，2010），21。
23 朱光潛，〈論「自然美」〉，刊於伍蠡甫《山水與美學》，丹青圖書，1987，1。

嘯》、源於歷史文化古代仕女的相爭相惜的《倚羅吟》、源於
穿越傳統與當代之融合的《流梭》、源於歷史文化之五代南
唐著名畫家顧閎中的「韓熙載夜宴圖」的《浮夢》、源於大
自然的景及生命的樣態而創作的《蔓生・枯影》、源於生命
樣態中思緒的「瞬顯即逝」，隱喻人們的千思萬縷的思緒狀
態的作品《煙沒》、源於傳統與當代藝術觀，一種渴求民族
舞蹈創作自由度並運「擺盪的鬆勁之美」的《逍遙》、源於
哲學美學觀點，純粹逍遙的不可得，以「醺」表現一種「純
逍遙境界」的《唯醺》、源於歷史文化及哲學思維的「莊周
夢蝶」典故，隱喻「我」即是「非我」，「非我」又是
「我」，「我」在人群社會中顯得「無我」，「無我」卻又是與
「眾位他者」有所共感的「我」，以此哲思典故所創作的
《夢蝶》。上述這些都是筆者創作的民族舞蹈作品，每一個
作品都有源自於不同範疇而來並向筆者「喧聲」的反映，以
有形的或無形的方式對創作者進行著，進而筆者以此反映向
創作歷程中的「眾位他者」對話與喧聲，融滲於「眾位他
者」生發共感。

第二節　共感無我

　　「我」與「無我」在創作歷程中或許是界線分明，或
許界限並不那麼明顯，看似創作者自我主觀的主導性很強，
實質上在這主觀的深層內涵已被「眾位他者」所滲入融解而

質變，或可這麼說：「我」與「無我」實質上是同一性的多重層面，看似「無我」，然而卻有「我」的存在，看似強烈的「我」，卻有存在著「眾位他者」的融滲，「我」與「無我」似乎可說是某種情境下的某種「顯」或「隱」的狀態，若與「眾位他者」的融滲度高，則「無我」呈顯，「我」則蔽隱；反之，若與「眾位他者」的融滲度較低，則「我」呈顯，「無我」則蔽隱。不論在創作歷程中，「我」與「無我」的呈顯狀態如何，皆是「我感我在」的現象，自身的身體感始終在場。故而不以二元對立的視角來判斷「我」與「無我」之間的對立，這二者是交織的現象，並不是二元對立的狀態。「雖然我們以二元對立的關係清楚劃分萬物的屬性，但是二元對立性又非絕對性的分野。強者有其柔弱處，弱者也有剛強的一面，任何個別屬性也都有其兩面性的存在」，[24]「我」始終在場，「眾位他者」亦始終在場，在創作歷程裡，「我」與「眾位他者」的在場是謂「完整」，是一種共時性（Synchronicity）的狀態。

> 所謂「完整的總體」，是指普遍、一般的現象或規律，而這種一般和普遍，又首先要通過個別、特殊的個體感性存在，即「作為主角的個人」來達到。個別與一般，特殊與普遍的關係，不是一方犧牲、取代和吃掉另一方的關係，不是非此即彼、你死我

---

24 莊連東，〈穿透・游移：時間感應中圖像與空間對話的水墨創作思考〉（臺灣師範大學美術學系博士論文，2010），13。

　　　　活的關係，而是亦此亦彼、你中有我、我中有你、
　　　　同時共存的對話、互動的關係。巴赫汀一生堅持存
　　　　在的「同時共存」信念；這體現在他為存在所下的
　　　　「特殊和統一的存在事件或進程」的定義上面。事
　　　　件、進程、事變本身必須具有共時性、共有性，存
　　　　在必須是同時期有的事件（存在—事件—共有）。[25]

　　老子：「有無相生，難易相成，長短相形，高下相傾，
音聲相和，前後相隨。」（《老子.二章》）「其所提六對範
疇皆指向一切事物在相反對立的關係中相互依賴、相互轉
化、相互補充的哲學的符號意義」。[26]美學家宗白華提到：
「藝術本當與文化生命同向前進，　　須要在實際生活體驗
中 表達出時代的精神節奏」。[27]民族舞蹈創作源於傳統文化
的沃土裡，反映至當代創作者生活的境地，透過「意心象、
意物象、意語象」三個層次融合而成的作品意象，透過舞蹈
形式表現其藝術性。「『意象』理論最本質的內核，就是在於
探索、解決創作者的主體情意與客體物象之間的關係」。[28]
筆者曾接受論文訪談並記錄於創作手札中提到：

　　　　我在創作時並沒有特別去思考主客體的問題，我覺

---

25 劉　康，《對話的喧聲：巴赫汀文化理論評述（Bakhtin's Dialogism
　　and Cultural Theory ）》。臺北，麥田出版，2010.10 ，88。
26 姜耕玉，《藝術辯證法—中國藝術智慧形式》。北京：高等教育出版
　　社，2006，34。
27 宗白華，《美學的散步》。臺北:洪範書店，1981， 140。
28 胡雪岡，《意象範疇的流變》。南昌市：光華印刷廠，2002， 205。

得我想要用的東西都是很主觀的"我想要"在創作時，如果太過客觀，太站在一個無我的立場，我覺得很難讓我的舞蹈創作成形，所以我必須要主觀。當然我也知道，在主觀的同時得先客觀，我並不知道我的客觀性有多強，我只知道我會把所要涉略的東西，都當成是一種學習對象，然後，每一種都用相同的重要性去努力的學習它，只是到最後攝入腦海裡存留的那些東西，有可能就變成是我無意識當中的主觀的選擇。[29]

「不管以人為主的有我之境或以物為主的無我之境，都是一種以人為主的有我，只有我的成分之多寡」。[30]在創作歷程中保持開放多元視角，與「眾位他者」有著多元化的融滲，這樣的「無我」狀態可以開啟更多元的視角，發現原本不可見的盲區。因此，創作者在創作歷程中必然地將「自我」融滲擴散至創作場域中的「人、事、物、景、態」[31]中。「假若對於一位觀察者來說，駐足觀看的視點是一成不變的狀態的話，那麼他可以注意到的角度絕對是單一的。因為觀察者放棄了自我改變的機會，環境便控制了一切變動的發生」。[32]因此，在創作歷程中，創作者必須保持高度的觀

---

29 2014蕭君玲創作手札記錄。

30 蕭君玲，《變動中的傳承：民族舞蹈創作的文化性與當代性》。臺北，文史哲出版社，2013，45。

31 鄭仕一，〈再建構的創作憶痕 ── 胡民山、蕭君玲之民族舞蹈創作歷程分析〉（臺灣師範大學體育學系博士論文，2014），175。

32 莊連東，〈穿透・游移 ── 時間感應中圖像與空間對話的水墨創作思

察力，汲取多元視角觀察而來的契機，發現新的素材，不斷與創作場域中的「人、事、物、景、態」進行「外顯」與「內隱」的對話，透過多元視角的對話，重新探索熟悉的創作場域。每一次的身體感官的對話所映襯出的探索觸角，多重的交織在創作場域中，與創作場域中的「人、事、物、景、態」交織出特定的關係。

> 對話不僅僅是認識世界、互相溝通的基本方式，而且也是人類存在的基本方式。這種方式說到底是一種價值的交換關係和方式：沒有交換則無所謂價值，而一切交換無不是通過某種對話的形式（包括語言的、非語言的一切符號的形式）。[33]

　　對話產生關係，創作者與創作場域的交織關係，並且不斷地在動態變異中延展，創作者亦因此交織關係而顯得更趨向「無我」的呈顯，「我」已在交織關係中融滲逐漸發酵、質變、轉化，發展。這一現象是創作者以一種融滲於「眾位他者」的樣態存在於創作歷程裡。

> 巴赫汀把「關係」的問題看成為主體建構的核心問題：人類如何在千變萬化、錯綜複雜的相互交往、相互溝通中，首先確立起「自我」和「他者」這一對基本範疇的？人與人之間又是如何建構起社會的

考〉（臺灣師範大學美術學系博士論文，2010），19。

33 劉　康，《對話的喧聲：巴赫汀文化理論評述（Bakhtin's Dialogism and Cultural Theory）》。臺北，麥田出版，2010.10，81。

整體關係的？人的感性個體的存在從來不可能是孤立的和脫離與他者與社會群體存在的關係的。從這個意義來說，巴赫汀的確是窮其畢生的精力，來探索人與人之間的相互對話和相互理解，從而形成、建構了主體和自我，完成了社會整體的全部過程。[34]

　　依據恩特利肯（J.N.Entrikin）的說法:「參與並且直接關懷而不斷生發『意義』的空間，在此空間中，人與人，人與世界具有一個連結關懷的共同意向所形成的意義性網路」。[35]民族舞蹈的創作歷程中所激發的藝術空間來自於創作者與「眾位他者」融滲的身體感，由此不斷對話交織而發展出的作品是具有「意義」的。創作歷程中的「意義」來自於人與人之間互動的關係，來自於人與物之間互動的關係，來自於人與空間之間互動的關係，更重要的是來自於人與意象之間互映、互滲、互感之間的關係。創作者必然地在創作歷程中有著責任感與不斷地回應與「眾位他者」之間對話的回應，以建構起民族舞蹈作品的藝術性，藝術性是在不斷地互動之間、對話之間、喧聲之間所產生的共震共感所建構起來的。

---

34 劉　康，《對話的喧聲：巴赫汀文化理論評述（Bakhtin's Dialogism and Cultural Theory）》。臺北，麥田出版，2010.10，84。

35 潘朝陽，《心靈‧空間‧環境：人文主義的地理思想》。臺北：五南出版，2005，69。

　　筆者在 2019 年創作《夢蝶》作品,《夢》則非理性、非客觀的感知所構織的幻象,象徵在理性思維下壓抑的身體感;《蝶》象徵著美好、美妙、幸福、自在的狀態,卻是短暫即逝的無奈感。二者皆似虛幻於現實客觀的理性,卻又真實地產生強烈的感知,融滲在身體感裡。如此真實的感知,又怎能說它是虛幻不實的呢!這樣的作品源於筆者對歷史文化及哲學思維的「莊周夢蝶」典故的反思、反映,一種似我非我、似蝶非蝶、似自在非自在、似夢境非夢境的哲思,隱喻「我」即是「非我」,「非我」又是「我」,「我」在人群社會中顯得「非我」,「非我」卻又是與「他者」有所共感的「我」,現實與夢境中的我皆是「我」,「我感」始終在場!這樣的哲思要具體在民族舞蹈創作中形式化,難度極高,筆者在自我與歷史文化典故的對話就積澱了數年之久,又緣起於與三位研究所畢業生的深厚情緣,於是創作了此作品。筆者不斷思索著,在歷史文化的哲學典故裡與當下所處的情境裡來回穿梭對話、反映:

　　　　「我感」─願《夢》不醒;願《蝶》永舞!

　　　　「我感」─已融滲在妳們的身體感裡,顯得「非我」;

　　　　「我感」─不斷感嘆時間流動的無情,顯得「是我」!

　　　　未來的「我感」始終有妳們的存有、始終有妳們留

下的痕跡！[36]

　　創作者在作品結構中立定形式，舞蹈動作中覺出生命力，舞臺畫面構思與音樂節奏中呈顯共震共感。「我」交織於「眾位他者」的對話裡、縱橫於作品結構裡、擴散於作品的整體呈顯中，我已「非我」，在作品表現於舞臺那瞬間，「我」雖已然退位不舞，然舞者們、「眾位他者」早已融滲著「我」在舞臺上呈顯著作品的藝術性，故依然「自有我在」！「我」（筆者）的身體感中的文化性與當代性以一種擴散的姿態，散播至每一個「他者」，尤其是舞者們的身體感裡，帶上了舞臺呈顯著看不見的「我」。「身體做為一種現代性的體驗，是具有象徵化的傾向。尤其是從社會學的向度觀看身體，身體自也被銘刻成社會身份的一個重要隱喻，或被視為一種意義再現的表徵」。[37] 社會的意義，對於當下社會情境反饋的作用力是極大的，因此創作者在傳統文化的沃土上進行著藝術想像，必然會將當下的社會情感融滲注入此藝術想像裡，傳統與當代也因此而彼此融滲，藝術想像以轉化為舞蹈形式而出場。這歷程中時而以「我」觀之，時而以「物」觀之，時而以「他者」觀之，「我」在「自我、物、他者」之間游移而觀之，這是自在自為的游移，使得身體的經驗能奔馳於想像的空間裡，在游移之中不斷與「自我、物、他者」產生共感，「我」被釋放了，「我」被散播了，

---

36 2019 筆者創作 ——《夢蝶》節目冊中舞意。

37 辛金順，〈中國現代小說的國族書寫 —— 以身體隱喻為觀察核心〉（國立中正大學中國文學所博士論文，2010），15。

「我」被融滲了,「我」與「無我」成了一種近似的狀態存在於創作歷程中。

> 要真正有"詩情畫意",只有那莊子"虛己以應物"的創造直觀和純粹意識還是不夠的,它有賴於"情"的滲入。正是深情,使"想像的真實"產生了所謂"以我觀物"的"有我之境"和"以物觀物"的"無我之境",而不再是認識性的描述和概念性的比附了,這樣就完全突破儒家"比興"的舊牢籠,而獲有了"意境"創造的廣大天地。[38]

　　身體感在舊有的經驗與新探索的視域裡游移奔馳,經驗被覆寫、質化、積澱,成了另一種對於民族舞蹈的新視域,原有的許多創作觀點、創作技法、舞蹈技法都被解構了,產生了不同的思維,創作增添了許多新意。舞蹈家胡民山對於技的極致與破解的觀點,他提到:

> 當人的技術訓練到達了最高程度,就不再有一般的相對性意識,而是自信也可以是一種解脫。這不再關懷生死的對立與「無法之法乃為至法」、「不知所以神而神」的計較,已是「如一」的境地。

> 當進入到了「無我」、「無心」的「虛靜」狀態時,是潛意識最為活躍的時刻,也是生命感動最容易被喚起的時候,這是創作的最佳時刻了!

---

38 李澤厚,《華夏美學》。天津:天津社會科學院出版,2001.11,249。

> 破我執、法執而達到「物我兩忘」，進入了「上下與
> 天地同流」、「渾然與萬物同體」的自由審美境界，
> 那就進入了藝術呈現的最佳狀態。[39]

　　身體經驗在「我」與「無我」的狀態中游移，「經驗在
任何地方都進行著判斷」。[40]身體經驗在「自我、物、他
者」之間游移而不斷地產生判斷，這一判斷對於藝術創作而
言，大部分是一種審美判斷，將傳統文化與當代社會轉化為
一種審美判斷的反映。「"經驗"代表具體的整體，在分析的
過程中，它被分為"經驗活動"和"被經驗到的東西"」，[41]就
創作者的立場而言，就是一場與傳統文化、當代社會，以及
與「眾位他者」之間的經驗活動，被經驗到的東西則環繞在
作品。創作者當然最重要的經驗對象是舞者們的身體，在創
作歷程中緊密聯結不可分割，創作者得依循著作品的核心意
象來時時判斷舞者們的身體感狀態是否契合於作品。創作者
的審美判斷，經常是來自於美感的直覺，「知覺是一種直接
的、直覺性經驗，它不受推論限制，也不受反思干擾。判斷
則具有解釋和反思之意，它是一種間接經驗」，[42]對於舞者

---

39 訪談舞蹈家胡民山及其手稿，2019/03/13。

40 邁克爾・奧克肖特（Michael Oakeshott）著，《經驗及其模式
（Experience and Its Modes）》（吳玉軍譯）（北京，文津出版社，
2004），9。

41 邁克爾・奧克肖特（Michael Oakeshott）著，《經驗及其模式
（Experience and Its Modes）》（吳玉軍譯）（北京，文津出版社，
2004），9。

42 邁克爾・奧克肖特（Michael Oakeshott）著，《經驗及其模式
（Experience and Its Modes）》（吳玉軍譯）（北京，文津出版社，

們的身體表現不到位的直覺感知，創作者會進行反思然後重
新判斷，再運用隱喻符號來改變舞者們的身體感狀態，使其
表現得以契合作品的核心意象。這一過程中，創作者的自
我，必須融滲於舞者們的身體感，重新探索新的視域，發現
新的契機。相對的，舞者們的經驗也是如此，當舞者自身的
經驗被創作者所打破時，產生直覺的反映，然後進行反思、
判斷，再重新試探新的身體感，重新發展新的身體表現模
式。對於創作者與舞者而言，「自我」都在彼此的打破之
後，重新融滲「他者」的直覺感知與審美判斷，然後產生共
震共感，趨向「自我」與「他者」的融和，呈顯「無我」的
共感而舞之。身體感在「自我」與「他者」的經驗空間裡，
在舊有的身體經驗上交疊出許許多多以往不可感的視域，反
映出許多以往不可見的空間，交疊覆寫著彼此的經驗痕跡，
質化映襯彼此的身體感，創作的作品意義在此空間滋長、散
播藝術想像、發展舞蹈形式，筆者稱此為創作歷程中的一
「疊映空間」。

第三節　疊映空間

　　創作者的藝術想像創造了藝術空間，藝術構思在此空
間裡奔騰飛躍！就筆者創作經驗而言，來自於創作者與舞者
們在創作場所相互疊映出來的空間，其身體隨著意象的演化

而有所探索、反思。「由於運動的源頭只有一個，生氣勃勃的身體必定有移動、感覺、思考和懺悔所需要的一切」[43]在舞蹈的創作歷程中，一切的源頭就是創作者與「眾位他者」互映的身體感，以及由身體感生發的各種身體反映，綜合、質變、轉化、反思，這些種種的身體反映，在「心象、物象、語象」裡堆疊、融滲、映襯而構成－「疊映空間」[44]，作品的意境在此空間裡滋長、發展。

> 這意境是藝術家獨創，是從他最深的心源和造化接觸時突然的領悟中誕生，它不是一味客觀的描述，尤其是舞，這是最高度的韻律、節奏、秩序、理性的同時，旋動、力、熱情，它不僅是一切藝術的表現的究竟狀態，宇宙創化過程的象徵。[45]「意與境渾」是意境美學的根本所在，參照王國維的美學，無論是中國的古典美學中的有我之境、無我之境、寫境與造境或西方古典美學的宏壯優美、皆歸宿到意與境渾的主客和一的境界，如此藝術品方稱上乘之作。[46]

---

43 里奧納德·西萊恩（Leonard Shlain）著，《藝術與物理：空間時間與光之平行觀（Art & Physics: Parallel Visions in Space, Time, and Light）》（張文毅、鄭天、王池英譯）（臺北，成信文化事業，2006），78。

44 疊映，意指創作歷程中創作者與「眾位他者」不斷堆疊、融滲、映襯的意象，所積澱而來的一種空間性，作品意義內涵在此滋生、發展。

45 宗白華，《美學與意境》。北京：人民出版，2009，197。

46 賴賢宗，《意境美學與詮釋學》，臺北：國立歷史館出版，2003，

「疊映空間」創生作品意境，綜合著創作者與「眾位他者」的意象堆疊、融滲，是一種空間與時間的綜合感知的概念，「疊映空間」是一種對客觀現實的藝術想像，作品的意義內涵使其時間感不同於客觀時間，使其空間感亦不同於客觀空間。「哪裡有空間，哪裡就有存在」，[47]「空間從來就不是空洞的，它往往蘊涵著某種意義」。[48]在創作歷程中，創作者與「眾位他者」對話交織出多元樣態的藝術空間，它的意義是藝術化，亦是社會化的。

> 亨利‧列斐伏爾反對僅僅在物質的意義上理解空間，於是他把空間分為物質空間、精神空間和社會空間，並強調了社會關係及其實踐之於空間生產的作用。從這個意義上講，空間是被生產出來的，它有其社會性。[49]

> 約翰.杜威（John Dewey）所開創了的一個影響深遠的美學派別，實用主義的核心概念在於「經驗」，目標就是要「確立經驗與自然之間的連續性。也就是說，在經驗的範圍之內，主體和客體，人與自然是連續的、不可分割的。他認為人的活動和社會是一

167。
47 迪爾（Dear, M J.）著，《後現代都市狀況（The postmodern Urban Condition）》（李小科等譯）（上海，上海譯文出版社，2004），56。
48 迪爾（Dear, M J.）著，《後現代都市狀況（The postmodern Urban Condition）》（李小科等譯）（上海，上海譯文出版社，2004），57。
49 李世濤，《重構全球的文化抵抗空間 —— 詹姆遜文化理論與批判研究》。北京：社會科學文獻出版社，2008，71-72。

個整體。[50]

　　舞者們的身體必須成為作品的意義內涵的承載，作品的意義內涵在「疊映空間」的意象堆疊、融滲、映襯。社會化的意義，在民族舞蹈創作的立足點而言，更是文化的意義，民族舞蹈創作與傳統文化的浸潤有著緊密難以切割的關係，傳統文化是沃土，民族舞蹈創作是開枝散葉的滋長，這二者是交織融滲的關係。民族舞蹈創作包含了外在的身體形態以及內在的呼吸氣韻，融滲交織為一整體。傳統文化沃土的元素、能量在民族舞蹈創作歷程中的作用可說是一種意象式的心靈書寫，從不可感知的狀態，逐步書寫出較為明確的意象內涵。「Derrida 將廣義的語言歸結為"心靈的書寫"，因此它本身就是一個民族的心理的、精神的文化的源泉，它在歷史中會依照自己的意願不斷變化」。[51]意象在創作歷程中不斷地在創作者與「眾位他者」的心靈中書寫、質變、轉化著，是一種動態變化的存在現象，一次一次的變動書寫，最終才成為作品的意義內涵。

　　在「疊映空間」裡眾多的不同的意象由內而外地轉化至身體舞蹈的形式，以盈滿身體感的舞動來散播作品的「意境」，舞蹈身體表現則是傳達的媒介，舞者身體感交織在「疊映空間」裡。在創作場域裡，任何一細微的身體舞動，都有可能觸發他者的改變，或許會發現原有的視域裡一些不

---

50 朱　狄，《當代西方美學》。臺北：谷風出版社，1988，56。
51 鄭　敏，《結構解構視角》。北京：清華大學出版社，1998，102。

曾被發現的細微變化，這一變化就可能形成身體的質變。創
作者和舞者皆一樣的，在創作場域裡所見的視域中的一切，
未必能被主體所發現，總得等待創作場域中某種因素的變動
之後，才會引發主體看見原有不被發現的細微，然而筆者常
運用的隱喻，將不同的生活經驗、生命經驗的符號，適切地
隱喻注入創作場域裡，使舞者們發現其視域中的細緻之處，
進而產生質變。梅洛‧龐蒂（M. Merleau-Ponty）說：「我
移動的身體在可見的世界中很重要，它是可見的世界的一部
分，也是我能通過可見之物引航的原因。原則上，我的所有
方位變化都畫入了景觀一角」。[52] 在創作作品裡，任一舞者
在身體舞動發生細緻的變化，都將使得作品的景觀改變，進
而改變作品呈顯的意涵與藝術張力。在「疊映空間」裡，任
何可能性的意象都會發生，創作者與舞者們必須懸置自身的
舊經驗，探觸自己以往未曾探觸的部分，以此全新的身體感
來反映，融滲向外發展為獨具特色的身體舞動形式。例如前
述章節中曾提及的《煙沒》作品，當武術劍法疊加、融滲進
入長巾舞蹈技法時，是一種新穎未知的空間，許多在舊經驗
下預設的不可能，在重新探索新穎的「疊映空間」，以發展
出不同於傳統的長巾技法，成為既符合作品內在意義又能自
成獨特技法的民族舞蹈作品。所以，在創作歷程中身體感置
於「疊映空間」裡，自我先將舊身體經驗降至最低的狀態，
才能「應物」而有所感之。

---

52 梅洛‧龐蒂（M. Merleau-Ponty）著，《眼與心 ── 梅洛‧龐蒂現象美
　　學文集》（劉韵涵譯）（北京：中國社會學出版社，2001），29-30。

　　2019 年《煙沒 II》增加了更多高難度的技巧，創作者身體感已不同於 2016 年的狀態，感知著腦中的思緒不僅僅是快速旋動的長巾，真實的狀態是思緒的跳躍性，筆者思索著，如果舞動長巾時加入不同的跳躍動作，在身體躍在空中時，長巾仍繼續舞動旋飄，以期呼應筆者的心理意象，於是筆者要求舞者先徒手試驗撐地的躍身動作，在試驗後加入長巾的旋動，要求舞者在身體躍入空中的瞬間，加上長巾的弧線運行，幾經練習的結果，終於與筆者心裡意象相映。表現另一種不同 2016 版的長巾技法。這個例子，亦是創作者懸置舊經驗，以不同的元素，在「疊映空間」裡重新疊加出新的舞動意象而發展出的技法。這亦是創作者的某種藝術決斷力，當然也涉及不同批舞者的身體狀態，才使得此高難度的技法得以發展。

> 藝術創作是藝術家在某個時空交會點形塑創作意圖後，透過表現方法完成理念落實的活動。而環繞在當下時空環境的所有相關內容，是創作活動是否成功必須考量的因素，同時如何進行篩選與整理，也是作品完成與否的重要指標，不但考驗藝術家對時代意識觀察與體認的靈敏度，而且如何掌握創作意圖所牽涉的各種條件，作為評斷藝術家的聰明睿智和決斷能力。[53]

---

53 莊連東，〈穿透・游移——時間感應中圖像與空間對話的水墨創作思考〉（臺灣師範大學美術學系博士論文，2010），6。

　　由上述 2019《煙沒 II》的例子，可說「疊映空間」是創作者與「眾位他者」共同疊加、融滲、映襯的空間，亦可說是一種藝術對話的空間，這當中涉及了創作歷程中所有相關的「人、事、物、景、態」。「疊映空間」裡充滿著由「虛」轉「實」的轉化脈絡，由「虛」的意心象產生身體感，由意物象對映至「物」，由意語象隱喻詮釋轉化至身體舞動，最終發展出舞蹈形式的「實」。「傳統美學智慧的精髓之一，是意象、意境說。意象、意境的審美品質，必關乎虛實」。[54]

> 空間中的圖像歷經時間作用，彼此之間的群組屬性，一般來說，實體的實像與虛體的空間，本身的視覺狀態就呈現二元對應的關係，這個關係一部分呈顯在虛實意象中的相關的陰陽剛柔、真假有無與明暗強弱的狀態。這是實體物質與虛體空無各自意義的彰顯所致，實體代表著真與有的具體存在，映射的視覺特質是陽剛與強烈的明亮面。虛體則相反的屬於陰柔與柔弱的黑暗面。而這種陰陽兩極的自然存有現象是東方哲學思想的重要觀點。[55]

　　「只有化景物為情思，從咫尺山林中創作出深邃的意境，才能獲得無窮的意味和幽遠的境界，才能使人看不夠、

---

54 王振復，《大易之美》。湖南：湖南美術出版社，1992，19。
55 莊連東，〈穿透・游移 —— 時間感應中圖像與空間對話的水墨創作思考〉（臺灣師範大學美術學系博士論文，2010），10。

看不厭，而這種境界和意味正是化實為虛、虛實結合的結果」，[56]「疊映空間」裡由虛轉實，逐步由內而外發展成舞蹈形式，內在的意象歷經意心像、意物象、意語象的層次，藉由舞動散發與觀眾共感互映，這樣的狀態，有著一股「形與勢」。所謂「『形』一般所指表面物象的外型與結構；『勢』則通常指所表現物象蘊含的氣韻乃至整個畫面表現出來的態勢和氛圍」。[57]「疊映空間」融合著創作者與舞者們的意象轉化的內涵，意象所引發的共感一致性越高度，由「形」所透發而出的「勢」就越具涵著張力，「形」亦因「勢」的高度張力而顯得更具特色與美感，二者合一美感共鳴。「形」與「勢」看似二元卻又融滲相映，形成一股藝術能量，盈溢於作品裡。

> 促使萬物衍生的動能在於對應的兩極之間互動形成的對立抗衡、依附掩映與和諧相襯的共構形式。因為彼此互濟互用，順映著情勢發展而不斷產生變動狀態中的能量環繞在場域間，能量轉化而成力量與氣勢，「勢」能依循而脈絡活化，「力」因使勁則強度蔓延，「氣」以推導生意盎然。對應關係揭示實體圖像在虛有空間中的自然現象，因互動作用營造彼此相輔的各種形態，進而增生活潑的能量。[58]

---

56 馮鍾平，《中國園林建築研究》。丹青圖書，1987，1。

57 左漢中，《中國民間美術造型》。某肅，人民出版社，2008，3-4。

58 莊連東，〈穿透‧游移──時間感應中圖像與空間對話的水墨創作思考〉（臺灣師範大學美術學系博士論文，2010），10。

　　「對於創作者來說，其指涉的內涵牽動的是個人內在
涵養與修為和外在經驗與閱歷集體力量的凝聚，然後轉化為
具體的形式呈現」，[59]就民族舞蹈創作而言，從「虛」中創
造出「實」的舞蹈形式，「實」是指舞蹈作品的感官所見身
體表現的形式；「虛」是在「疊映空間」裡身體感對客觀現
實的藝術想像，它源於客觀現實環境中某種社會化、文化性
的感知。因此，「虛」與「實」之間反映的身體感較為全面
性的呈顯。「虛是意境，御虛行實」。[60]

> 「虛實」亦是民族舞蹈文化傳承的重要特徵之一，
> 「虛實」互用、互映才能交織出具有境界的創作作
> 品。創作是由虛而實，由實入虛，創作者先尋獲了
> 某種感覺，以此感覺（虛）為核心點，再尋找適合
> 這種感覺的物（實），包含著舞蹈的動作、服裝、道
> 具、佈景、燈光、影像設計、舞台設計等；最後再
> 完成舞蹈的形式（虛實融合），成就最終的作品。民
> 族舞蹈創作講究虛實並追求境界的凝塑，這是渾沌
> 性之境界，融合之境界，超越之境界。[61]

　　由意心象、意物象、意語象的不同層次的創作發展歷
程，有著創作者自身的企圖、欲求，有著創作者審美判斷的

---

59 莊連東，〈穿透・游移 ── 時間感應中圖像與空間對話的水墨創作思
　考〉（臺灣師範大學美術學系博士論文，2010），4。
60 葉錦添，《神思陌路》（臺北：天下雜誌，2008），185。
61 蕭君玲，《變動中的傳承：民族舞蹈創作的文化性與當代性》。臺北，
　文史哲出版社，2013，154。

依循，似乎早已預設了某種發展的脈絡，在「疊映空間」裡疊加，在創作者預設的發展脈絡裡不斷地對話交織，豐厚其發展脈絡的內涵。人成為一個存在於社會中的主體，對生活層面、社會層面、藝術層面都有其獨特的見解，其審美亦是如此，「人們總是只看見他們希望看到的東西」，[62]「美是人類一切藝術活動的基本屬性」。[63]就藝術創作者而言，這些獨特的見解總是費心思地轉化至藝術特定的形式，藝術創作者能看見與他人不同的視野與見解，並以藝術形式表達出來，用藝術形式來傳達自身的視域見解，這是藝術創作者充滿熱忱與費盡心思之處。

> 總之「意象」作為一種審美意識，是人們對審美對象的一種動能反應，但「意象」賴以存在的要素是「物象」，因此，在「意象」與「物象」的構成層次上，如何處理「物我冥合」、「心物感應」是「心意」與「物象」妙合的關鍵。所以從其淵源來說，「意象」的內涵與「物化」理論有其內在的關連性。[64]

「疊映空間」裡推疊著各個主體的身體感，以舞者主體性而言，其意象決定了舞蹈中的身體質地與狀態，由主體

---

62 沃爾夫林（Heinrich Wolfflin）著，《藝術風格學》（潘耀昌譯）（瀋陽：遼寧人民出版社，1989），12。

63 于蔚泉，〈舞蹈意象與審美建構〉，《山東藝術學院學報》，1（2005）：73-77。

64 胡雪岡，《意象範疇的流變》。南昌市：光華印刷廠，2002，219。

意象而來的引動，舞蹈中的身體知其所意而舞之、知其所情而舞之，由內反映至外。「疊映空間」讓各個舞者的主體意象在此合一，並反映在作品裏。由創作者及眾位他者之意象交織而來的共感，體現出作品意境。對於民族舞蹈創作而言，「疊映空間」的意涵充滿著創作者與舞者的身體實踐經驗的疊痕，以及對傳統文化的理解、想像。這或許產生於當代社會情境與歷史文化典故，或許產生與個體生命某一深刻化的經驗，或許來自於個體舞蹈經驗與傳統文化新詮釋之間的互映，這樣的不同領域、不同範疇之間的交流作用，使民族舞蹈創作歷程裡，具涵著不斷地解構又建構、傳統又新意的特性。「疊映空間」裡亦充滿著意象隱喻（image metaphors）的能量，能帶動更多的思考與刺激，跳脫一成不變的思維模式。

> 人類的經驗建構於肉身體驗及文化環境的層面上，其中尤以文化影響甚多，因為人的經驗行為都由文化一脈貫穿，人們藉著文化理解並創造世界。隱喻能力是人類基礎創造力的表現，創造性的隱喻表徵能帶動更多的理性與感性思考，跳脫一層不變的思維模式，帶來更多新穎的刺激。[65]

　　創作歷程中的隱喻運用，主要源於創作者本身的感知觸角、想像能力、身體經驗、個人知識、社會情感、藝術思

---

65 蘇文婕，〈隱喻法轉換文化符號之商品設計研究與創作〉（臺灣師範大學設計學系碩士論文，2016），6-7。

維、美學判斷等的綜合反映。在「疊映空間」裡有著主動性
與被動性二種狀態，主動性大多來自於創作者為了詮釋自身
內在的意象，被動性大多來自於創作場域裡對話的反映。創
作歷程中時而創作者為主動性，時而舞者為主動性，在創作
者與舞者們反映性對話的空間裡，喧聲轉化為藝術性的形
式，這兩者之間，因其立足點有所差異化，故其反映性對話
的向度、高度、取捨皆有所不同，充滿著不確定性、不穩定
性、獨特性、價值衝突性等，唯在不斷地對話與喧聲的過程
中，彼此將逐漸相似、相近。

> 重新來尋求替代的、較符合實務上饒富藝術性及直
> 覺性的實踐認識論，而這樣的藝術性和直覺性確實
> 是有些實踐者，在不確定性、不穩定性、獨特性及
> 價值衝突性的情境中所展現的。[66]

在筆者的民族舞蹈的創作歷程中，不確定性、不穩定
性、獨特性、價值衝突性存在於「疊映空間」裡，創作者與
「眾位他者」之間彼此對話、喧聲，形成共感反映，完成作
品。在「疊映空間」裡，創作者想像力奔馳、隱喻引領舞者
們共感，融合於作品之中。對筆者的創作實踐而言，民族舞
蹈創作的是思維源於傳統文化的沃土，其文化的素材、元素
融滲注入舞者的身體感裡，使其生發相映的舞蹈動作，由內

---

66 Donald A. Schön 著，《反映的實踐者（The Reflective Practitioner）》
　　（夏林清等譯）（臺北：遠流出版，2004），56。

而外的發展舞蹈形式，展現個人對於傳統文化的當代品味與
美感。

第六章　結　論 — 凝煉實踐經驗

　　源於傳統文化沃土養分的民族舞蹈，透過意心象、意物象、意語象的層次轉化至舞蹈形式，這樣的創作實踐在長期積澱下來，一次又一次的累積經驗。這「實踐經驗」必須透過一連串的審美判斷的歷程，對於來自傳統文化的感知、直覺，或是來自於當代社會藝術的思維、觀念，或是來自於生活情境下的體悟，或是來自於創作歷程中盲區探索後的新契機，包括運用隱喻符號後所引發的身體反映的轉變，或是來自於與「眾位他者」不斷對話喧聲後的反映，以上種種在轉化至身體表現技能及舞蹈形式時，都必須歷經創作者『審美判斷』的實踐。

　　就筆者創作實踐經驗而言，創作歷程中的『審美判斷』是支撐創作實踐的重要因素之一，若在創作實踐歷程中，無法將來自於自身的、他者的反映進行有效地審美判斷，則無法順利將之轉化至具體的舞蹈形式，亦無法讓創作者及他者的身體感相映。或許創作實踐有著許許多多的理論基礎，但大部分仍得由創作者自身的審美判斷來決定。「創作行為受制於理論而失去原創性，作品無法呈顯創作者之真實感受與獨特想法，作品淪為理論之註腳，或使作品形同預

設觀念之圖解而劃地自限」，[1]所以許許多多的創作理論僅能是一種參考，審美判斷才是創作實踐最重要的依據，然而審美判斷來自於創作者自身長期積澱而來的「實踐經驗」。

> 由於當代社會的多樣性與矛盾性，單一而連續的視覺圖像空間遂成為絕響，這種當代社會的經由不同的文化交流、資訊交通的新科技和科學因果學的不定論，遂形成複雜的特性。[2]

因為當代社會的多元，資訊的交流與科技的發展，民族舞蹈在當今社會的發展，亦與時俱進，當代各種藝術創作思潮的導入，形成多樣化的複雜特性，結合當代劇場形式，多元、跨界等等，這種種多樣化的素材及形式、觀念介入了民族舞蹈創作的實踐中，使得民族舞蹈創作不同以往，更朝向科技藝術化的向度而發展。「自二十世紀中期以後的藝術創作領域，已成為一種藝術型態表現主流方式，尤其在後現代藝術思潮的引領下，多元、並置、混搭、跨界的觀念，逐漸深植於當代各領域的藝術創作實踐當中」。[3]筆者近三十年的民族舞蹈創作實踐經驗裡，亦曾多次跨界運用各種多媒體的效果來呈顯，例如筆者創作的《落花》，作品一開始段落

---

1 劉豐榮，〈視覺藝術創作研究方法之理論基礎探析：以質化研究觀點為基礎〉，《藝術教育研究專刊》，（2004）79。
2 劉千美，《差異與實踐:當代藝術哲學研究》。臺北：立緒文化事業出版，2001，83。
3 蔡文汀，〈多重並置與跨介擴延 —— 複合型態水墨創作實踐與理論研究〉（臺灣師範大學美術學系博士論文，2016），39。

即是運用攝影機與投影機的效果，倒轉其影像，於是一位下腰的舞者經倒轉影像後，投射於舞臺天幕上，形成頭下腳上俯衝而下飛舞於空中的飛天仙女。

> 時序已來到 21 世紀的今日，多元型態的藝術發展觀念，已深植於各類型的藝術創作中，拜網路科技所賜，各種訊息的溝通已不再受限於地理區隔，而能充分的相互交流。在此環境的影響下，原本藝術的傳統意識形態所形成的制約範疇，也已被推入歷史洪流之中，代之而起的是去中心化、多元化、多樣化、跨媒介、跨領域的藝術實踐觀念當道，藝術也因此得以獲得更為完全的創作自由維度。[4]

　　雖然，多元化、多樣化、跨媒介、跨領域已是當代藝術表現的主要潮流，但筆者的民族舞蹈創作不一定會運用這些跨領域的多媒體設計，得取決於創作作品的整體設計，例如筆者 2017 創作的《逍遙》與 2018 創作的《唯醺》皆是回歸到較純粹的身體表現，去除複合的多媒體素材，探討氣韻與身體動能，筆者每年皆以不同的主題與限制來探討這具有博大精深的文化寶藏。

> 從東、西方藝術發展的歷程來看，任何一種藝術形式從來不曾在達成某一實踐主張之後就停止不進，

---

4 蔡文汀，〈多重並置與跨介擴延 —— 複合型態水墨創作實踐與理論研究〉（臺灣師範大學美術學系博士論文，2016），126。

而過去被現代藝術所否定的傳統藝術型態，也不曾
因為遭受到否定而消失於藝壇之上，仍隨現代藝術
持續往前推進，差別的是在藝術現在進行式的路徑
上，傳統藝術被推離到一個邊緣的位置不再成為主
流。現代藝術則是持續跟隨藝術思潮演變，不斷地
進行藝術基因的變異，從現代藝術、後現代藝術甚
至到當代藝術的形態展現，無一不是反映藝術作為
一種有機體生命能量展現。[5]

「『傳統』其實主要是來自於對過往歷史記憶表述所獲
致的一種概括性概念，它只在於今日的當下才有其存在意
義，若是將自身回溯於歷史情境中，也就是讓自身身處於今
日所認知的傳統之中時，從邏輯論而言，所謂『傳統』將不
復存在，也不具有意義」。[6]傳統這一概念，在不同的藝術
創作者的視域裡，存在著不同的觀點，「傳統」從歷時性的
時間概念及共時性的空間概念上而言，無法確定某個時間或
空間為傳統的存在。畢竟，傳統文化在本質上是演化的歷
程，亦可說傳統文化是處在「活」的歷程中不斷地反映於時
代的當下性而存在的現象。筆者曾訪談舞蹈家胡民山關於傳
統與時代之間的平衡：

在傳統經典與時代之間尋求平衡點，在過程與深度

---

5 蔡文汀，〈多重並置與跨介擴延 —— 複合型態水墨創作實踐與理論研究〉
（臺灣師範大學美術學系博士論文，2016），148。
6 蔡文汀，〈多重並置與跨介擴延 —— 複合型態水墨創作實踐與理論研究〉
（臺灣師範大學美術學系博士論文，2016），21。

知中詮釋及再發展。(德)伽達默爾著作《視界融合》
的理論認為，真正的歷史對象根本就不是對象，而
是自己和它者的統一體或一種關係，這種關係同時
存在著歷史的實在和對歷史理解的實在。理解，是
「現在視域」的融合過程，兩種視野都不可能脫離
對方的存在。理解，是把自身置入，把自己帶到歷
史中。值得關注的是：無須丟棄前見，但必須考察
這些前見的正當性。如放任前見容易導致理解的滯
礙而導致誤區。[7]

　　也就是說傳統與當代是一體兩面的，我們所認為的承
襲下來的傳統舞蹈，是透過當代的思維，用現在的視域來理
解，它們是一種關係，是對傳統舞蹈的存在和用當代理解傳
統舞蹈的存在。就筆者的民族舞蹈創作經驗而言，傳統的傳
承是隨著每個時代的發展而變化存在的，因此，創作者的民
族舞蹈創作中的審美判斷是既有著傳統的意象又有著當代的
思維。關於創作動作語彙的過程，首先必須將自身學習民族
舞蹈的基本套路先擱置，因這是依據課程設計有目的的訓練
關於文化風格性與身體能力，它是無法速食直接套用到創作
作品的動作語彙裡，「民族舞蹈創作」必須經過元素的提煉
尋找相映於創作者意象的動作語彙。棄捨慣性程式性的套路
思維，方能無礙地進入創作者藝術之思。以下針對本文第貳
章至第伍章的探索以及對意象三層次與創作模式做一總結。

---

7 訪談舞蹈家胡民山及其手稿，2019/03/13。

一、意心象－創作實踐經驗中「美的感悟」、

「感性焦點」、「不自覺的身體感」

　　美的感悟：意心象，在創作脈絡裡，意心象是位處於模糊化、隱晦化，源於內在的美感，是創作意識大海中如一波波浪潮感悟著，它蘊藏著大量的能量，能在創作意識之初產生意向的動能。生命歷程中不斷產生及累積各種美的「感悟」，在民族舞蹈創作場域中，「美的感悟」是具有變動性、活躍性的，它存在於創作場域中與人、事、時、地、物產生交織。筆者的民族舞蹈創作實踐，是源於傳統文化的意象，積累美的感悟，而不斷在內在形成一股動能，向外擴張朝向作品發展，對映至「物」的層次。

　　感性焦點：在創作場域中，創作者如何有效地將眾多他者的多元意象聚焦，形成「感性焦點」，進而產生具體的內在「圖像」，從共同的心靈圖像中引發身體感應，觸發舞者們的身體感性，此心靈圖像的注入舞者的身體感將融合心靈與身體，動作的質感也會隨之改變。舞者們身體感性的焦點，來自於創作者意心象層次的能量，生發著美的感悟，並與創作者共震共感。這感性的觸發則需要隱喻的引發、身體感的示範、視覺與聽覺的焦點引導，先逐步形成某些感性焦點來建構「意心象」。在筆者的創作實踐經驗裡，「感性焦點」的形塑是創作之初相當重要的起動。

不自覺的身體感：「意心象」是關於創作者的內在意象，它在創作場域中進行對話時，所面臨的考驗是如何處理舞者有意識及無意識的交織思緒，以及舞者多元的身體慣性。在「意心象」時期，創作者並無法完全確定，它雖是有「感」的狀態，是種不自覺的身體感，是具有意向性及脈絡性的。卻又是那麼迷濛不易掌握的現象。「意心象」正是一種隱匿於深層內在的「意象」，就民族舞蹈創作而言，需要經過不斷地提煉使其轉化到相映的藝術符號，方能逐步形成舞蹈動作，這一層次的轉化是相當不易的，卻也是相當重要的，因為它是作品意義的源流。

二、意物象 ── 創作實踐經驗中「創作盲區」、 「身體反映」、「解構歷程」

創作盲區：創作進入了「意物象」層次，就必須與「物」及「他者」互映、互滲、互感，所以在這樣的交織關係裡，盲區就必然存在。因舞者們在創作場域與創作者在創作的場域的互動，會創造出「多重立場」與「融合意義」，每個舞者的身體感各有不同，對創作者提出的創作立場各有解釋的內涵，意義自然也有所不同，在創作歷程裡所創造出的「多重立場」正好可以提供給創作者增補創作盲區的視角。然而，盲區的存在可能是阻礙創作的發展，亦可能是創作的新契機，這得視其創作歷程中的交織關係是如何形成與變化的。創作的盲區在創作場域中的多重立場獲得了增補的

視角，使創作者增加了創作盲區的探索，為創作提供了更豐沃的養分與空間。創作的盲區在創作者構思的同時就已然形成，一旦立場確立了，盲區的相對位置與空間即形成。創作者對於創作的構思，在「意心象」層次蘊涵著厚實的身體感，推入到「意物象」層次，則必須有具體化的反映之物，將意心象的能量貫注在「物」的質性上及運行的技能上。創作者對於創作作品中的「物」，通常有著直觀式的感悟，它不是毫無緣故地出場，而是被「意心象」層次的身體感所映照出場的。「意物象」層次裡的意象更為明確，可以用來引導舞者們進入創作者的身體感，設法與之共感。

　　身體反映：身體反映，意指創作歷程中的他者、物的狀態，以及自身與之的關係所產生之相映的現象。在創作歷程中創作者及舞者們對於創作歷程中的種種變化，包含對於創作盲區的探觸後，其身心靈的整體反應、映襯，進而促使了身體感的質化。身體反映，可說是身體感湧現的出口，這一出口必須要有其相映之「人、事、物、景、態」來聚緣而成。生活中人與人的互動關係、人和事的交雜、人對物的聯結、人入景的感悟、人於社會態勢的立足，都有可能聚緣而成身體感的出口；身體反映在生活中的「人、事、物、景、態」，亦在創作場域中產生在「意物象」層次裡，身體的反映需與「他者」、「物」相互交織，意心象的能量在「意物象」層次裡得到某種程度的形式化的轉化。在這文化場域中的自由度，創作者與舞者們得以盡情盡意發展藝術想像、審美判斷、對話與喧聲，然後反映至「物」的運用，創造蘊涵藝術思維的作品意境。

解構歷程：在「意物象」層次，因有了「物」的出場，使得意象趨向了明確化，因在創作歷程中的「意心象」層次屬於不斷解構為主的過程，其意象是模糊的。在「意物象」這一層次裡創作者主要的任務在於將「意心象」的意象、感悟或不自覺的身體感注入「意物象」的明確化結構裡，屬於建構為主的歷程。創作歷程中的身體反映狀態，是造成這不確定性的最主要因素，每一次的身體反映狀態，不論是創作者或是舞者們，彼此之間交互影響著，並源由之前的身體反映，差異化的延展至當下的身體反映狀態，這是一種有脈絡的差異化延展的現象，也就是說，在創作歷程中每一次的差異化延展都是一次次再重覆，但結果卻已不同於上一次的反映的跡象了。在創作歷程中，這種不斷地差異化的延展轉化的現象，或可說是不斷「解構——建構——再解構」的歷程。「意物象」層次，可說是舞蹈創作最重要的層次，在這個層次裡舞蹈符號、形式都趨於明確化、建構化。原本來自於「意心象」的身體感，在「意物象」層次裡仍有著大幅度的轉化，一種差異化的延展轉化，在「意物象」層次裡大量的舞蹈符號被建構，又被解構，然後再建構，這些符號的解構與建構的反覆性，都取決於與「意心象」層次的身體感之間的聯結、互映、互滲、互感的契合度而定。

三、意語象 —— 創作實踐經驗中「主體間共映自由度」、「隱喻之流」、「知識轉化力」

　　主體間共映的自由度：「意語象」，以言語隱喻的詮釋為主，是言說著的語言，具有大於、深於語言符號既定的意涵，因為「言說著」的語言在言說著的動態「情境」裡，「情境」的內涵意謂著言說著的語言符號有著與情境相映的意義，因此「言說著」的語言有著「情境」意義的特殊性，這些構成作品之意義內涵者的傳達都包含在言語隱喻的詮釋之中。就筆者的創作實踐經驗而言，內在深邃的身體感是極需要言語隱喻性的詮釋的張力來使之「賦形」，因為不同的舞者其內在身體感之間有著差異，由內而外的「賦形」過程，能引動舞者不可敘說的內隱經驗，身體感湧現於「賦形」歷程中，使其舞蹈符號蘊藏情意，情意與技藝就形塑出作品之「境」。美學家蔣孔陽認為，「必須人類的各種感覺器官變得自由了，然後才能創造出自由的美的形式」。[8]在創作場域裡，各主體間有著必然的自由度，舞者是創作當中最重要的媒介，是一個有意識的獨立個體，讓其保留獨特性與自由度是創作者對舞者必須給予的空間。

　　隱喻之流：在筆者長期的創作實踐中，它是一股不可或缺的能量，它能促使舞者們的身體感湧出，表現在舞蹈技

---

8 蔣孔陽，《蔣孔陽全集-卷三》。合肥：安徽教育出版社，1999，213。

能上，使其舞蹈技能的表現有所內在依歸，能由內而外的顯現。在創作歷程中隱喻之流的特性，在於運用看起來毫無關聯的事物、物品、情景、現象，置入於舞蹈的身體動作、道具、服裝之中，使之產生質變與轉化。這是因為舞者原有的認知對舞蹈動作等產生了可以貫通的聯想，進一步運用對兩種事物感知，產生雙重視域（double vision）、移情的「泛靈投射」（animistic projection）來轉化原有的舞蹈動作、姿態等。唯要在創作歷程中，產生隱喻之流的能量，則必須依靠來自於一般知識領域裡的概念與現象，引入舞蹈創作的意義內涵中的情境，方能產生隱喻之流的能量。隱喻之流，在創作中能生發出一股內在的蘊涵（Entailments），在來源域的知識一種廣為人知的知識，用來作為隱喻的符號，這一廣為人知的知識所代表的狀態與概念，會被引入創作中目標域（意義內涵）來重新作一融合性的感知。創作歷程中，隱喻符號的選擇與運用，首先是這隱喻符號的象徵特性足以滲入舞者們的身體感，且能有效地聯結著，它們之間的象徵特性能有某種程度的感應，這感性或許來自於舞蹈身體經驗，或許來自於自身的審美價值，或許來自於當下對這一隱喻符號的新反映所形成的聯結，一旦有所聯結，在隱喻符號與作品意義、舞蹈動作之間即會產生某種聯結的張力，使身體感其產生質變的轉化。

知識轉化力：良好適切的「隱喻符號」是可以使創作者的內隱意象、內隱經驗等內隱知識轉化至外顯知識的，它會是立即的、快速的歷程，可讓創作者自身或舞者們的身體感有所反映。在創作歷程中創作者一向是當場的直覺判斷，

若舞者們一直無法到位，那麼創作者就得思索著如何將關鍵的內隱知識轉化至外顯知識。首先得確認某種內在的、內隱的狀態的意象，將其意象所蘊涵的感知明確化，再思索舞者所能感知的對映意象，來做為轉化至外顯知識。創作者的知識轉化力來自於想像力，創作者的知識轉化力涉及了各個層面，得全面思考舞臺表演藝術所涉及到的所有內容。因此創作者的藝術「想像力」就顯得重要，藝術思維加上具有廣度、深度的「想像力」創造出意象，在虛幻的空間裡有著多樣性的樣貌。所以創作者是否能善用日常生活中的題材，取其特性用以反映其創作作品的意義內涵，源於文化立於當代多元的藝術思潮，涉獵各種藝術、歷史、社會、人文等多領域，積澱自身的內隱知識，成為自身的能量。知識轉化力的運用能有效地詮釋出內隱感知，將作品不可見的意義內涵，轉化至特定且獨具的民族舞蹈形式。

四、眾位他者 —— 創作實踐經驗中「喧聲」、「共感無我」、「疊映空間」

喧　聲：「眾位他者」意指在創作歷程中所有涉及到的、外在於創作者自身的「人」與「物」，「人」的部分，包括舞者、燈光設計師、服裝設計師、舞臺設計師、影像設計師；「物」的部分，包含聽感之音樂：觸感與視感之道具、服裝、舞臺；視感之燈光、影像等等，以上這些都是創作者在創作歷程中必須與之互映、互滲、互感的「他者」，筆者

將之統稱為「眾位他者」。創作歷程中「眾位他者」不斷地喧聲，傳達一種對話的同時，也表達著某種與對話對象「拉扯」的喧聲，創作歷程中的喧聲來自於長久以來積澱的身體感，創作者與舞者們的身體感在彼此的對話之中，拉扯、調和、共震，在作品之中產生共感喧聲，如此舞者們的狀態即會處於與作品共震互映的節奏一致化。就筆者的民族舞蹈創作實踐經驗而言，創作歷程中的喧聲，就涉及了語言的使用能力、對傳統文化的藝術想像能力、對歷史經歷與社會發展歷史的領悟能力。這三種能力影響了「眾位他者」在創作歷程中的喧聲方式與能量，喧聲的方式與能量決定了自身對於作品的藝術判斷與「眾位他者」之間的拉扯力道。「眾位他者」存在於創作歷程中，時時刻刻以不同的形式與能量朝向彼此而喧聲，筆者創作的民族舞蹈作品，每一個作品都有源自於不同範疇反映向創作歷程中的「眾位他者」對話與喧聲。

　　共感無我：「我」與「無我」在創作歷程中或許界限並不那麼分明，看似創作者自我主觀的主導性很強，實質上在這主觀的深層意識已在創作歷程中被「眾位他者」所滲入融解而質變。「我」始終在場，「眾位他者」亦始終在場，在創作歷程裡，「我」與「眾位他者」的在場是謂「完整」，是一種共時性（Synchronicity）的狀態，在同一事性的歷程裡，共時存有、對話互動、彼此喧聲、交織共存著。在創作歷程中時而以「我」觀之，時而以「物」觀之，時而以「他者」觀之，「我」在「自我、物、他者」之間游移，這是自在自為的游移，使得身體的經驗能奔馳於想像的空間裡，在

游移之中不斷與「自我、物、他者」產生共感,「我」被釋放了,「我」被散播了,「我」被融滲了,「我」與「無我」成了一個整體的狀態存在於創作歷程中。對於創作者與舞者而言,「自我」都在彼此的打破之後,重新融滲「他者」的直覺感知與審美判斷,然後產生共震共感,趨向「自我」與「他者」的融和,呈顯「無我」的共感而舞之。

疊映空間:身體感在「自我」與「他者」的互映、互滲、互感的經驗空間裡,在舊有的身體經驗上交疊出許許多多以往不可感的視域,反映出許多以往不可見的「空間」,筆者稱此為創作歷程中的—「疊映空間」。疊映,意指創作歷程中創作者與「眾位他者」不斷堆疊、融滲、映襯的意象,所積澱而來的一種空間性,作品意義內涵在此滋生、發展。「疊映空間」創生作品意境,綜合著創作者與「眾位他者」的意象堆疊、融滲,是一種空間與時間的綜合感知的概念,在作品裡呈顯出一種藝術的時間感與空間感,它是一種藝術想像對客觀現實的變形、變異,作品的意義內涵使其時間感異質於客觀時間,使其空間感異質於客觀空間,身體感對話交織產出作品藝術化的「疊映空間」,舞者們的身體在此舞動著,舞者們的身體必須成為作品的意義內涵的承載,作品的意義內涵源於「疊映空間」的意象堆疊、融滲、映襯,它成為身體舞蹈的主導。「疊映空間」是藝術創作的空間,現實環境觀察而來的元素、素材都在此空間裡被轉化為另一種意象,具有強烈的隱喻性、藝術性、非現實性的特質。在「疊映空間」裡,任何可能性的意象都會發生,創作者與舞者們必須懸置自身的舊經驗,以近似空虛的狀態在開放身體感,探觸自己以往未曾探觸的部分,交疊覆寫著彼此

的經驗痕跡，質化映襯彼此的身體感，創作的作品意義在此
空間滋長、散播藝術想像、發展舞蹈形式。

　　綜合上述的總整理，在民族舞蹈的創作實踐中，整個
創作歷程是多元想像的，是一個身體「感」綜合在一起的發
生，意心象產生核心概念，意物象則漸行產生形式，意語象
則與眾位他者產生共感等。它們陷落在一個「不可知」的狀
態，如葉錦添所提的「陌路」，創作者只能不斷透過想像力
與之奮戰，以完成作品。

> 在陌路的世界裡，無法控制時間，陌路是一塊不知
> 大小的海綿，它會自語式地顯現，整體的流動，我
> 們只能與它奮戰，從而激發心靈深處的回應，分解
> 形式走向另一個航道，並與過去的經驗決裂。形體與
> 動力不斷建構著新的影像、新的空間，使舊有對形式
> 的觀念大為改變。[9]

　　蘇珊・朗格說：「在"想像"這一字眼中，包含著打開一
個新的世界的鑰匙 —— 意象」。[10]在筆者創作歷程之初，往
往有如在一黑暗的空間裡，摸不著、看不清的狀態中，充滿
著極為不確定的感知。但又不斷地產生著種種若有似無的意
象，瞬時而現、瞬時而逝，難以定之。唯獨某種感性的美感
始終存在，雖然隱晦不明，但卻又極為可感。這種現象真的

9　葉錦添，《神思陌路》。臺北，天下雜誌，2008，33。

10　蘇珊・朗格（Susanne. K. Langer）著，《藝術問題（Problems of art）》（滕守堯、朱疆源譯）（北京，中國社會科學出版，1983），126-127。

有如身處於陌路之中，在眾多的不確定感中，有一絲絲的思緒，或許創作之源即始於此之的不確定，這樣的不安定似乎來自於筆者隱匿的生命歷程！

　　本論文深刻地探索了筆者的創作實踐經驗中的「意象」的三個層次及「眾位他者」的對話與喧聲，這是從實踐經驗積澱而來的經驗剖析，「實踐是一個觀念世界」，[11]「意心象、意物象、意語象」及「眾位他者」的對話與喧聲是筆者民族舞蹈創作實踐經驗裡的創作觀、藝術觀、美學觀，是不斷實踐而來的經驗凝煉。

　　筆者依據意象三個層次推衍發展出對映的創作練習模式：「意心象」、「意物象」、「意語象」所推衍出的身體訓練法是「圖像式呼吸」、「聽勁式觸動」、「滲入式擬像」。「意心象」、「意物象」、「意語象」是筆者民族舞蹈創作歷程中，在探尋作品意義的脈絡，呈現出三種不同層次的意象。它綜合的來說是一種由隱晦至明確、由不可敘述至可敘述、由內在感知的美至外在形式的舞、由創作者自感至和舞者們共感的狀態，它是一種身體感的演化、一種神思的形式化、一種源於傳統文化的美感又具當代美學思維的交融狀態，亦是由陌路般的神思、隱晦般地身體感轉化為至身體舞蹈形式的歷程。對筆者而言此三個層次是依據筆者長期的民族舞蹈創作實踐經驗的凝煉而成，不僅是筆者創作的精神、觀點，亦是

---

11 邁克爾‧奧克肖特（Michael Oakeshott）著，《經驗及其模式（Experience and Its Modes)》（吳玉軍譯）（北京，文津出版社，2004），240。

筆者對於民族舞蹈傳承與發展的創作歷程，解構了不同時代、歷史、文化所遺留下的「形」，存留了民族舞蹈長期實踐而提煉之「氣韻」。筆者認為：

> 當代舞蹈藝術多元開放，現代舞幾乎不受任何侷限性地可以自由自在的創作，然而民族舞蹈創作立足於當代舞蹈藝術之中，創作的自由度是相對較受限的，如何保留其「根」？如何進行解構？民族舞蹈創作如何「破形存韻」？成了筆者認為的重要課題。破形，破除民族舞蹈的傳統形式，不再以複製傳統的方式來進行民族舞蹈創作；存韻，在新建構的民族舞蹈形式之際，傳統民族舞蹈的「氣韻」之美必須被保存、提煉、昇華。筆者近幾年的民族舞蹈創作作品皆以此為核心來進行創作，試圖建構不同於傳統的舞蹈形式，並又能提煉其「氣韻」蘊涵於其中。筆者長期浸潤在民族舞蹈表演、教學、創作的專業領域中，民族舞蹈的氣韻質感早已經深入身體骨髓裡，並自然而然地隨著文化變遷、藝術多元、後現代解構的思潮環境中，而有所提煉、轉化、昇華。[12]

在民族舞蹈創作中的審美判斷源於「意心象、意物象、意語象」的三個層次裡所疊映而成的作品意象。在文化

---

12 蕭君玲，〈蕭君玲民族舞蹈創作實踐經驗的敘說 ─ 對話中的意象〉，《臺灣舞蹈研究》，13（2019）：1-28。

沃土裡的審美判斷，歷經時代發展的差異化，不斷地質化並藉由發展而傳承下來，創作者的審美判斷因此文化沃土的延展與差異的被詮釋過程中而有所轉化。筆者許多的民族舞蹈創作均是立足於文化思維及當代的審美判斷，來自於自身深刻的感悟所蘊涵的身體感契入傳統文化的沃土裡，探尋一種美的感悟所產生的意象，以作為民族舞蹈審美判斷的養分。因此，這個探尋的過程許許多多令人意想不到的意象疊映而出，滋養著創作歷程，以此推動著民族舞蹈創作的實踐。它既是源於傳統文化的再詮釋，亦是當代社會的感悟現象。民族舞蹈創作與發展立足於當代，就免不了在創作實踐的審美判斷上受到當代思潮的影響。基於本文各章節的探討，並由筆者的實踐經驗的視域而言，民族舞蹈創作的意義並非單一面向的存在，它既源於傳統文化沃土，亦融滲於當代藝術思潮！因此，民族舞蹈創作具涵著雙重意義 ── 凝煉文化，疊映當代。

參考文獻

一、專書

王炳社，《隱喻藝術思維研究》。中國社會科學出版社，2011。

王振復，《大易之美》。湖南：湖南美術出版社，1992。

左漢中，《中國民間美術造型》。某肅，人民出版社，2008。

朱立元，《當代西方文藝理論》。上海：華東師範大學出版社，2005。

朱光潛，《美感與聯想-朱光潛美學文學論文選集》。湖南人民出版社，1980。

朱光潛，〈論「自然美」〉，刊於伍蠡甫《山水與美學》，丹青圖書，1987。

朱　狄，《當代西方美學》。臺北：谷風出版社，1988。

李澤厚，《美學四講》。三聯書店，1989。

李澤厚，《華夏美學》。天津：天津社會科學院出版，2001。

李世濤，《重構全球的文化抵抗空間－詹姆遜文化理論與批判研究》。北京：社會科學文獻出版社，2008。

吳明益，《浮光》。臺北，新經典圖文傳播，2014。

余舜德，《身體感的轉向》。臺北市，臺灣大學，2015。

宗白華，《美學散步》。上海，上海人民社出版，1981。

宗白華，《宗白華全集 2》。安徽，安徽教育社出版，1996。

宗白華，《美學與意境》。北京：人民出版社，2009。

林谷芳，《期待民族舞的朗然存在：樂舞台灣－台北民族舞
　　團二十週年特刊》。臺北：台灣舞蹈雜誌社、台灣樂舞
　　文教基金會出版，2007。

姜耕玉，《藝術辯證法 —— 中國藝術智慧形式》。北京：高等
　　教育出版社，2006。

胡雪岡，《意象範疇的流變》。南昌市：光華印刷廠，
　　2002。

張能為，《理解的實踐 —— 伽達默爾實踐哲學研究》。北京，
　　人民出版社，2002。

胡雪岡，《意象範疇的流變》。南昌市：光華印刷廠，
　　2002。

胡妙勝，《戲劇與符號》。上海：上海文藝出版社，2008。

耿占春，《隱喻》。北京：東方出版社，1993。

袁　禾，《中國舞蹈意象論》。北京：文化藝術出版社，
　　1994。

曾肅良，《傳統與創新-現代藝術的迷思》。臺北，三藝文
　　化，2002。

楊大春，《梅洛‧龐蒂》。臺北：生智出版社，2003。

傅佩榮，《向莊子借智慧》。北京，中華書局，2010。

馮廣藝，《漢語比較研究史》。武漢：湖北教育出版社，
　　2002。

馮鍾平，《中國園林建築研究》。丹青圖書，1987。

詹偉雄，《美學的經濟：台灣社會變遷的 60 個微型觀察》。臺北，藍鯨出版，2005。

葉錦添，《神思陌路》。臺北，天下雜誌，2008。

葉錦添，《神行陌路》。臺北，天下雜誌，2013。

葉　芝，《詩歌的象徵主義 ── 西方現代文論選》。上海：上海譯文出版社，1983。

廖炳惠著，楊儒賓、何乏筆主編，《身體與社會 ── 身體、文化與認同》(臺北，唐山出版社，2004)。

趙一凡等主編：《西方文論關鍵詞》，北京:外語教學與研究出版社，2006。

潘朝陽，《心靈・空間・環境：人文主義的地理思想》。臺北：五南出版，2005。

蔣孔陽，《蔣孔陽全集・卷三》。合肥，安徽教育出版社，1999。

蔣　勳，《美的曙光》。臺北，有鹿文化，2009。

蔣　勳，《此時眾生》。臺北，有鹿文化，2012。

劉文潭，《藝術品味》。臺北，臺灣商務出版，2009.03。

劉　康，《對話的喧聲：巴赫汀文化理論評述（Bakhtin's Dialogism and Cultural Theory）》。臺北，麥田出版，2010.10。

劉　方，《中國美學的基本精神及其現代意義》。巴蜀書社出版，2003。

劉千美，《差異與實踐:當代藝術哲學研究》。臺北：立緒文化事業出版，2001。

鄭仕一、蕭君玲,《身體技能實踐的反映與轉化》。臺北,文
　　史哲出版社,2013。

鄭　敏,《結構解構視角》。北京:清華大學出版社,
　　1998。

賴賢宗,《意境美學與詮釋學》,臺北:國立歷史館出版,
　　2003。

蕭君玲,《中國舞蹈審美》。臺北,文史哲,2007。

蕭君玲,《變動中的傳承:民族舞蹈創作的文化性與當代
　　性》。臺北,文史哲出版社,2013。

蕭錦龍,《德里達的解構理論思想性質論》。北京,中國社會
　　科學出版社,2004。

滕守堯,《審美心理描述》。四川,人民出版社,1998。

龔卓軍,《身體部署 ── 梅洛・龐帝與現象學之後》。臺北,
　　心靈工坊文化,2006。

二、翻譯專書

Donald A. Schon 著,《反映的實踐者(The Reflective
　　Practitioner)》(夏林清等譯)(臺北:遠流出版,
　　2004)。

George Lakoff & Mark Johnson,《我們賴以生存的譬喻
　　(Metaphors We Live By)》(周世箴譯)(臺北:聯經
　　出版,2008)。

Ikujiro Nonaka & Hirotaka Takeuchi,《創新求勝(The
　　Knowledge-Creating Company)》(楊子江、王美音譯)
　　(臺北:遠流出版,2006)。

加斯東・巴舍拉(Gaston Bachelard)著,《空間詩學（The Poetic of Space）》（龔卓軍、王靜慧譯）（臺北：張老師文化，2003）。

艾德蒙・伯克・費德曼（Edmund Burke Feldman）,《藝術的創意與意象》（何政廣編譯）（臺北：藝術家出版社，2011）。

列夫・尼可拉葉維奇・托爾斯泰（Lev Nikolayevich Tolstoy）著,《托爾斯泰藝術論》（古曉梅譯）(臺北：遠流 出版，2013)。

伽達默爾（Gadamer, Hans-Georg）著,《真理與方法（Wahrheit und Methode）》（洪漢鼎譯）(上海：上海譯文出版社，2002)。

沃爾夫林（Heinrich Wolfflin）著,《藝術風格學》（潘耀昌譯）（瀋陽：遼寧人民出版社，1989）。

里奧納德・西萊恩（Leonard Shlain）著,《藝術與物理：空間時間與光之平行觀（Art & Physics: Parallel Visions in Space, Time, and Light）》（張文毅、鄭天、王池英譯）（臺北，成信文化事業，2006）。

尚路克 南希（Jean-Luc Nancy）、瑪蒂德・莫尼葉(Mathilde Monnier)著,《疊韻（Alliteration）》 （郭亮廷譯）（臺北:漫遊者文化，2014）。

迪爾（Dear, M J.）著,《後現代都市狀況（The postmodern Urban Condition）》（李小科等譯）（上海，上海譯文出版社，2004）。

梅洛‧龐帝（Merleau - Ponty），《知覺的首要地位及其哲學結論》（王東亮譯），（北京，商務印書館，2002）。

梅洛‧龐帝（Maurice Merleau-Ponty）著，《眼與心（L'Ceil et l'Esprit）》（龔卓軍譯。台北，典藏藝術家出版，2009)。

梅洛‧龐蒂（M. Merleau-Ponty）著，《眼與心 ── 梅洛‧龐蒂現象美學文集》（劉韵涵譯）（北京：中國社會學出版社，2001）。

海德格爾（Heidegger, Martin）著，《尼采（Nietzsche）》（孫周興譯）（北京：商務印書館，2002）。

斯圖亞特‧西姆（(Stuart Sim)《德里達與歷史的終結（Derrida and the End of History）（王昆譯）（北京大學出版社，2005）。

赫伯特‧裡德（Herbert Read）著，《藝術的意義（The Meaning of Art）》（梁錦鋆譯）（臺北：遠流出版社，2006）。

菲利普‧薩睿立（Philip Zarrilli）著，《身心合一：後史坦尼斯拉夫斯基的跨文化演技（Psychophysical Acting:An Intercultural Approach after Stanislavski）》。(馬英妮、林見朗、白斐嵐譯)（台北，書林出版，2014）。

魯道夫‧阿恩海姆（Rudolf Arnheim）著，《視覺思維（Visual Thinking）》（滕守堯譯）（四川：四川人民出版社，1998）。

德希達（Jacques Derrida）著，《立場（Positions）》（楊恆達、劉北成譯）（臺北，桂冠出版，1998）。

德里達（Jacques Derrida）著,《聲音與現象（Speech and Phenomenology）》（杜小真譯）（北京：商務印書館，2001）。

德里達（Jacques Derrida）著,《論文字學（De la grammatologie）》（汪堂家譯）（上海：上海譯文出版社，1999）。

邁可・博藍尼（Michael Polanyi）著,《個人知識- 邁向後批判哲學 （Personal Knowledge：Towards a Post-Critical Philosophy)》（許澤民譯）（台北：商周出版，2004）。

邁克爾・奧克肖特（Michael Oakeshott）著,《經驗及其模式（Experience and Its Modes）》（吳玉軍譯）（北京，文津出版社，2004）。

羅伯・索科羅斯基（Robert Sokolowski）著,《現象學十四講（Introduction to Phenomenology）》。（李維倫譯）（台北：心靈工坊，2005）。

蘇珊・朗格（Susanne. K. Langer）著,《藝術問題（Problems of art）》（滕守堯、朱疆源譯）（北京，中國社會科學出版，1983）。

三、學位論文

何貞霓,〈隱喻的含意與人性的顛覆：以吉勒摩•戴•托羅的三部電影為例分析〉（文藻外語大學歐洲研究所碩士論文，2018）。

辛金順,〈中國現代小說的國族書寫 —— 以身體隱喻為觀察核心〉(國立中正大學中國文學所博士論文,2010)。

張欽賢,〈表象與實體 —— 人體結構與隱喻之研究〉(臺灣師範大學美術學系碩士論文,2002)。

莊連東,〈穿透・游移 —— 時間感應中圖像與空間對話的水墨創作思考〉(臺灣師範大學美術學系博士論文,2010)。

樊香君,〈神・虛・意・韻:蕭君玲的當代民族舞蹈美學探究〉(臺北藝術大學舞蹈理論究所碩士論文,2010)。

蔡孟函,〈《老子》的空間隱喻〉(臺灣師範大學國文學系碩士論文,2012)。

蔡文汀,〈多重並置與跨介擴延 —— 複合型態水墨創作實踐與理論研究〉(臺灣師範大學美術學系博士論文,2016)。

鄭仕一,〈再建構的創作憶痕 —— 胡民山、蕭君玲之民族舞蹈創作歷程分析〉(臺灣師範大學體育學系博士論文,2014)。

鄭仕一,〈劇場表演藝術之審美感知的默會研究〉(蘇州大學文藝美學博士論文,2010)。

謝孟汝,〈從表演者觀點探究蕭君玲的民族舞蹈身體訓練〉(臺北市立大學舞學系碩士論文,2019)。

蘇文婕,〈隱喻法轉換文化符號之商品設計研究與創作〉(臺灣師範大學設計學系碩士論文,2016)。

顧家蓁,〈從表演者觀點探究蕭君玲的民族舞蹈身體訓練〉(臺北市立大學舞學系碩士論文,2019)。

四、期刊論文

于蔚泉，〈舞蹈意象與審美建構〉，《山東藝術學院學報》，1(2005)：73-77。

李敏芳，〈淺談舞蹈創作中理性問題和感性問題〉《藝術科技》，5(2013)，121。

李建盛、劉洪新，〈德里達的解構哲學及其對藝術真理的理解〉，《湖南科技大學學報》，7.1(2004)：8-11。

吳秀瑾，〈身體在世：傅科和布爾迪厄身體觀和施為者之對比〉，《台灣社會研究季刊》，68(2007.12)：89。

周榮勝，〈論德里達的本文理論〉，《北京社會科學》，4(2000)：120-130。

周榮勝，〈何謂"補充"？：德里達的解構邏輯初探〉，《首都師範大學學報》，4(2003)：62-67。

陳曉明，〈論德里達的補充概念〉，《當代作家評論》，1(2005)：12-23。

畢芙蓉，〈意象、風格與形式：卡西爾形式理性說與中國古代意象說、風格論〉，《理論學習》，7(2000)：48-50。

黃　榮，〈梅洛·龐蒂的身體與繪畫藝術的表現性〉，《貴州民族學院學報》，1（2005）：127-130。

葛羅托斯基(Grotowski)著，〈邁向貧窮劇場〉《戲劇學刊》(鍾明德譯)臺北：國立臺北藝術大學戲劇學院，第 9 期，44。

劉勝利，〈從對象身體到現象身體- 知覺現象學的身體概念初探〉，《哲學研究》，5(2010)， 78-82。

劉豐榮，〈視覺藝術創作研究方法之理論基礎探析：以質化研究觀點為基礎〉，《藝術教育研究專刊》，(2004)，79。

蕭君玲、鄭仕一，〈民族舞蹈創作的現象場〉，《大專體育》，113（2011）：7-14。

蕭君玲，〈蕭君玲民族舞蹈創作實踐經驗的敘說 — 對話中的意象〉，《臺灣舞蹈研究》，13（2019）：1-28。

鄭仕一、蕭君玲，〈臺灣傳統舞蹈文化之身體漾態的現象學分析〉，《大專體育》，80(2005)：94-100。

五、其　他

臺北民族舞團，蕭君玲 2006 創作作品《幻境》(拈花節目冊，2006.09)，2006/09/30-10/01 臺北城市舞臺演出。

胡民山，2019 訪談稿。

黃靖舒，《唯醺》演後於 2018 年 4 月 30 日於 Facebook 社群網站文章。

黃維泓，《煙沒 II》演後於 2019 年 6 月 2 日發表於 Facebook 社群網站文章。

邱芷涵，2019 年 7 月 2 日一次創作場域的排練後心得

孫佳芳，2020 年 2 月 14 日訪談《夢蝶》之排練心得。

謝孟汝，〈民族舞蹈身體訓練初探－以蕭君玲的民族舞蹈課程為例〉《全國研究生舞蹈學術研討會 — 中國文化大學》，2017.05.12。

蕭君玲，《臺北市立體育學院舞蹈系年度公演節目冊》。2012。

蕭君玲創作手札。

簡華葆,《煙沒 II》觀後於 2019 年 5 月 10 日發表之心得。

嚴婕瑄在 2018 年 5 月 11 日於演後訪談。